《체험! 가위 잡고 한국사》를 추천해 주신 선생님들

감민진	부산 가야초등학교 교사	노상철	부산 동원초등학교 교사
강가림	인천 인천남부초등학교 교사	류녹수	부천 상일고등학교 역사 교사
강석봉	부산 연학초등학교 교사	민서영	부산 내성초등학교 교사
강진아	부천 상동중학교 교사	민창숙	인천 먼우금초등학교 교사
강현구	인천 인천고잔초등학교 교사	박근상	인천 인천일신초등학교 교사
강현민	서울 서울월곡초등학교 교사	박남전	경기 시흥은행초등학교 교사
고순정	인천 인천개흥초등학교 교사	박영균	서울 서울천왕초등학교 교사
구본정	부산 모산초등학교 교사	박영민	부산 용당초등학교 교사
권수진	인천 인천주안초등학교 교사	박은지	천안 천안서초등학교 교사
김기홍	부산 동주초등학교 교사	박주연	인천 인천하늘초등학교 교사
김령은	전남 여수문수중학교 교사	박지라	인천 인천주안초등학교 교사
김미연	인천 인천고잔초등학교 교사	박지율	인천 인천백운초등학교 교사
김미희	인천 영화초등학교 교사	박혜림	인천 인천십정초등학교 교사
김민호	강원도 김화여자중학교 역사 사회 교사	박혜순	인천 인천주안초등학교 교사
김보경	인천 인천고잔초등학교 교사	박희진	인천 인천서화초등학교 교사
김부성	통영 죽림초등학교 교사	방승호	서울 아현산업정보학교 교장
김성숙	인천 인천신정초교사 교사	배은영	인천 인천신흥초등학교 교사
김성제	부산 금명초등학교 교사	배현주	부산 화정초등학교 교사
김성주	부산 대천리초등학교 교사	변성순	인천 인천주안초등학교 교사
김수연	부산 신금초등학교 교사	서말태	경남 밀양여자고등학교 사회 교사
김연아	인천 인천송현초등학교 교사	서지희	인천 인천남부초등학교 교사
김영찬	부천 부천정보산업고등학교 교사	손희진	인천 인천고잔초등학교 교사
김예슬	인천 인천용현남초등학교 교사	신동현	부산 부산시교육청 장학사
김윤혜	통영 죽림초등학교 교사	신주연	인천 인천간재울초등학교 교사
김은경	서울 서울양명초등학교 교사	신혜령	부산 용수초등학교 교사
김정은	청주 개신초등학교 교사	심은정	부산 좌동초등학교 교사
김정희	인천 인천부평남초등학교 교사	안선모	인천 인천부평남초등학교 교사
김준혁	부산 부산교육대학교부설초등학교 교사	안쥬리	서울 서울신곡초등학교 교사
김춘화	인천 인천하늘초등학교 교사	양미나	인천 인천용현남초등학교 교사
남보라미	세종 늘봄초등학교 교사	양승의	인천 인천도림초등학교 사서 교사
노경희	인천 인천석남초등학교 교사	양재화	부산 월내초등학교 교사

전국 124분의 선생님이 이 책을 추천해 주셨습니다!

양창훈	부산 덕양초등학교 교사	**장주희**	경기 가평초등학교 교사
양혜경	인천 인천첨단초등학교 교사	**장지현**	여수 쌍봉초등학교 교사
여혜선	인천 인천고잔초등학교 교사	**전경희**	부산 오선초등학교 교사
오빈희	인천 인천부평초등학교 교사	**전동규**	인천 인천영종초등학교 교사
오아란	인천 인천승학초등학교 교사	**전현진**	인천 인천고잔초등학교 교사
오연호	인천 인천고잔초등학교 교사	**정대일**	서울 예일초등학교 교사
오필자	인천 인천부평남초등학교 교사	**정민영**	서울 서울신미림초등학교 교사
유영란	인천 인천한빛초등학교 교사	**정수미**	경기 고양 신원초등학교 교사
유은주	서울 신영초등학교 교사	**정승연**	인천 인천고잔초등학교 교사
유정민	서울 관악중학교 교사	**정윤희**	부천 상일고등학교 교사
유진희	성남 중원초등학교 교사	**정재경**	부산 토현초등학교 교사
유현진	서울 서울신양초등학교 교사	**조선진**	중국 북경한국국제학교 교장
유혜미	경남 죽림초등학교 교사	**조아라**	서울 서울정애학교 교사
윤금호	인천 인천남동초등학교 교사	**조현정**	천안 목천고등학교 교사
윤복현	인천 인천주안초등학교 교사	**진영우**	부산 남부민초등학교 교사
이경애	인천 인천학산초등학교 교사	**채요한**	인천 인천운서초등학교 교사
이귀림	천안 성환고등학교 교사	**천원희**	인천 강화초등학교 교사
이동은	의왕 덕성초등학교 교사	**최귀옥**	인천 인천부평남초등학교 사서 교사
이 랑	인천 안남초등학교 교사	**최보민**	인천 인천인주초등학교 교사
이선숙	인천 인천조동초등학교 교사	**최유리**	인천 인천창영초등학교 교사
이애지	광명 소하고등학교 역사 교사	**최유미**	남양주 금남초등학교 교사
이연임	부산 만덕초등학교 교사	**최은주**	인천 인천주안초등학교 교사
이유경	인천 인천창영초등학교 교사	**최은주**	서울 서울구로초등학교 교사
이윤경	인천 인천고잔초등학교 교사	**최창희**	서울 서울선린초등학교 사서 교사
이정아	대전 신탄진초등학교 교사	**최희영**	광명 소하고등학교 역사 교사
이지현	인천 인천부평남초등학교 교사	**하윤주**	인천 인천창영초등학교 교사
이채리	파주 문산초등학교 교사	**함희명**	서울 예일초등학교 교사
이천일	인천 영종초등학교 금산분교장	**허선미**	인천 인천문학초등학교 교사
이형남	인천 인천주안초등학교 교사	**홍석재**	인천 인천주안초등학교 교사
임선영	인천 인천주안초등학교 교사	**홍윤래**	청주 갈원초등학교 교사
장애란	인천 인천부평남초등학교 교사	**황형준**	고양 신원초등학교 교사

"단군왕검부터 고종까지! 교과서 대표 인물 60명의 동화를 읽고 인물을 만드는 동안 역사 지식이 저절로 암기돼요!"

이지스에듀는 아이들을 탈락시키지 않고
모두 목적지까지 데려가는 책을 만듭니다!

초판 1쇄 발행 2018년 2월 20일
초판 4쇄 발행 2025년 4월 18일

글·그림 토이바오(스카이엠)

발행인 이지연
펴낸곳 이지스퍼블리싱(주)
출판사 등록번호 제31-2010-123호
주소 서울시 마포구 잔다리로 109 이지스빌딩 5층 (우 04003)
대표전화 02-325-1722 **팩스** 02-326-1723

이지스퍼블리싱 홈페이지 www.easyspub.com | 이지스에듀 카페 www.easysedu.co.kr
바빠 아지트 블로그 blog.naver.com/easyspub | 인스타그램 @easys_edu
페이스북 www.facebook.com/easyspub2014 | 이메일 service@easyspub.co.kr
기획 토이바오 | **책임 편집** 조은미, 정지연, 박지연 | **교정 교열** 김혜영 | **감수** 류녹수
사진 제공 토이바오, 논산시 공식 블로그, 문화재청, 전쟁 기념관, 한국관광공사
표지 및 부속 디자인 이유경, 정우영 | **표지 사진** 이주동 | **본문 디자인 및 전산 편집** 필컴 | **인쇄** 보광문화사
영업 및 문의 이주동, 김요한(support@easyspub.co.kr) | **마케팅** 라혜주 | **독자 지원** 박애림, 김수경

잘못된 책은 구입한 서점에서 바꿔 드립니다.
이 책에 실린 모든 내용, 디자인, 이미지, 편집 구성의 저작권은 이지스퍼블리싱(주)과 지은이에게 있습니다.
허락 없이 복제할 수 없습니다.

ISBN 979-11-88612-85-7 74900
ISBN 979-11-88612-84-0(세트)
가격 14,000원

• **이지스에듀** 는 이지스퍼블리싱의 교육 브랜드입니다.

 추천사

중·고등학교 한국사 수업 시간에도 자신감이 생길 책!
가볍고 재미있게 읽을 수 있는 한국사 인물 이야기와 더불어 입체적으로 만나는 인물 종이접기 활동은 어린이들의 역사적 상상력을 북돋워 책에서 배운 지식을 장기 기억으로 만들어 줄 것입니다. 이제는 한국사 수능 절대평가의 시대! 초등학생 때 교과서 주요 인물로 놀이 활동을 하며 한국사의 흐름을 잡는다면, 중·고등학교 한국사 수업 시간에도 자신감이 생길 것입니다.

감수자 **류녹수** 선생님(상일고등학교 역사 교사)

놀이의 힘은 강력합니다! 아이들이 한국사 공부를 즐기게 할 책!
놀이의 힘은 강력합니다! 놀이로 진행하는 〈모험놀이 상담〉이 냉담한 아이들을 웃게 만드는 것처럼, 《체험! 가위 잡고 한국사》는 아이들이 한국사 공부를 즐기게 할 것입니다.

노래하는 교장 **방승호** 선생님(기적의 모험놀이 저자)

초등학교 교과서에 나오는 역사 용어를 쉽게 접근할 수 있는 책!
초등학교 4학년부터 역사가 나온다고 해서 역사 용어에 어떻게 쉽게 접근할까 고심하던 중에 이 책을 만나게 되어 무척 반갑습니다. 아이들이 《체험! 가위 잡고 한국사》로 역사 인물을 직접 만들다 보면, 배경 지식도 자연스럽게 커져 큰 부담 없이 학습하게 되리라 기대합니다.

박영균 선생님(서울천왕초등학교 교사)

초등 한국사는 역사 인물에 주목한다! 역사를 처음 공부하는 학생에게 꼭 맞는 책!
역사는 사람들이 만듭니다. 사람들이 벌인 일 중에서 사회에 큰 영향을 준 사건이 기록되어 수천 년 동안 우리에게 전해집니다. 초등 한국사는 바로 이 관점에 주목합니다. 《체험! 가위 잡고 한국사》는 인물 중심의 책입니다. 초등학생이 좋아할 이야기를 통해 인물이 한 일들을 쉽게 들려주어 처음 역사를 공부하는 학생들에게 꼭 맞는 역사서입니다

정대일 선생님(예일초등학교 교사)

손끝으로 만나는 한국사, 도서관에서도 한국사를 쉽게 배울 수 있겠네요!
"손끝으로 만나는 한국사 이야기! 학교에서, 집에서, 도서관에서! 선생님, 엄마, 친구와 함께!" 《체험! 가위 잡고 한국사》를 처음 보고 느낀 콘셉트입니다. 이 책을 통해 단군왕검부터 고종까지 역사 인물들의 재미있는 에피소드도 배우고, 페이퍼토이까지 만들 수 있다고 하니 도서관에 오는 학생들도 한국사를 쉽게 배울 수 있겠네요.

양승의 선생님(인천도림초등학교 사서 교사)

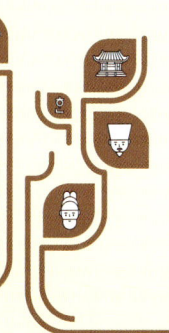

작가의 말

보고, 만들고, 놀며 느낀다!

한국사를 이해하는 첫걸음, 우리 역사 인물 만나기!

어려운 한국사를 쉽고 흥미롭게 이해하는 방법이 있어요. 바로 위대하고 중요한 우리 역사 속 인물들을 만나는 것이에요.

위대하고 중요한 역사 인물들은 아주 많아요. 《체험! 가위 잡고 한국사》 시리즈는 그중에서도 꼭 기억해야 할 교과서 핵심 인물 60명을 소개합니다. 이 책에 나온 위대한 인물들과 먼저 친해지세요. 그리고 인물들을 시대 순서대로 기억해 두세요. 이제 어려운 학교 공부도, 복잡한 역사 드라마나 영화도 한층 더 쉽게 이해될 거예요!

제2의 두뇌는 '손'! 손으로 만들면 똑똑해져요!

만 12살까지를 '뇌 발달의 황금기'라고 합니다. 정서 발달과 함께, 집중력과 관련된 전두엽이 폭발적으로 성장하거든요. 이 중요한 시기에 스마트폰 중독이 된 친구들은 지능과 감성, 학습 능력이 떨어질 뿐 아니라 심하면 두뇌 질환을 앓을 수도 있다고 해요.

하지만 너무 걱정하지 마세요. 두뇌를 활발하게 움직일 방법이 있으니까요. 우리 몸에는 '제2의 뇌'라고 불리는 곳이 있어요. 바로 손이랍니다. 손을 움직이면 뇌의 운동회로가 조정되어 눈부신 발달을 이끌어 내지요. 이것이야말로 디지털 시대에도 아날로그 놀이가 필요한 까닭입니다.

《체험! 가위 잡고 한국사》는 어린이의 정서와 두뇌의 고른 발달을 고민하며 만들었어요. 한국을 빛낸 우리 조상들을 직접 손으로 만들어 보며, 역사의 흐름과 인물의 삶을 더욱 쉽고 재미있게 이해하도록 이끌어 줍니다.

책상 위 인물 인형이 늘어날수록 역사 지식도 깊어져요!

이 책을 읽는 동안 어린이는 우리 역사 인물 만들기의 총 지휘자이자 위대한 감독이 됩니다. 책상 위 인물 인형이 하나씩 늘어날수록 역사 지식도 그만큼 깊어집니다. 즐겁게 놀면서 역사 인물들과 친구가 되면, 그 인물이 살았던 시대의 특성과 역사의 흐름까지 자연스럽게 파악하게 되지요. 작고 깜찍한 우리 역사 인물 인형이 평생 역사 지식의 든든한 지원군이 되어 줄 거예요.

스마트폰을 잠시 내려놓고, 책을 읽으세요. 그런 다음 가위와 풀을 집어 드세요! 사각사각 오리고, 꼭꼭 접어서, 조물조물 붙이면….

인물의 에피소드가 살아나고 한국사의 핵심 키워드가 머리에 쏙쏙 들어옵니다.

토이바오

우리 역사 속 중요 인물 만나기

이 책의 구성 **위인 동화책** ---------- 단군왕검부터 고종까지! 교과서 대표 인물 60명의 동화를 만나세요!

위인 동화책은 의미 있는 네 개의 마당으로 구성했어요.

1. 인물 마당

이 인물은 누구일까? 호기심 주머니를 열어 봐요!

또래 친구끼리 말하듯 역사 인물의 프로필을 짧은 인터뷰 형식으로 구성했어요. 질문과 대답으로 구성된 인물 탐구를 부모님 또는 친구와 함께 역할극 하듯 읽어 보세요.

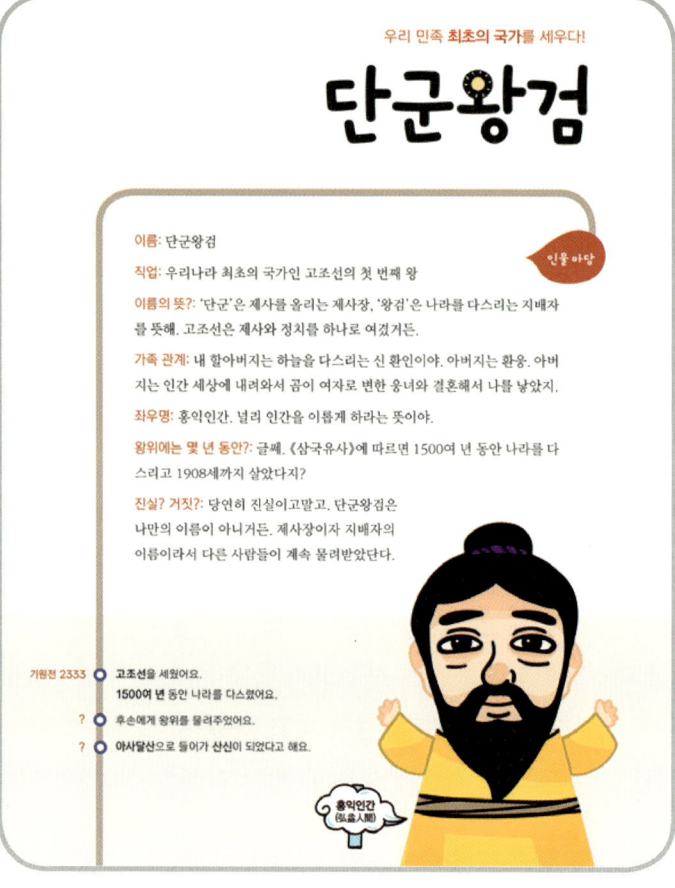

2. 이야기 마당

인물을 대표하는 에피소드를 술술 읽히는 동화로 읽어요!

각 인물에 얽힌 재밌고, 슬프고 때로는 신비한 이야기를 읽어요! 역사의 한 장면을 함께하며, 역사 인물에 대한 정보뿐 아니라 국어 실력도 키워 보세요.

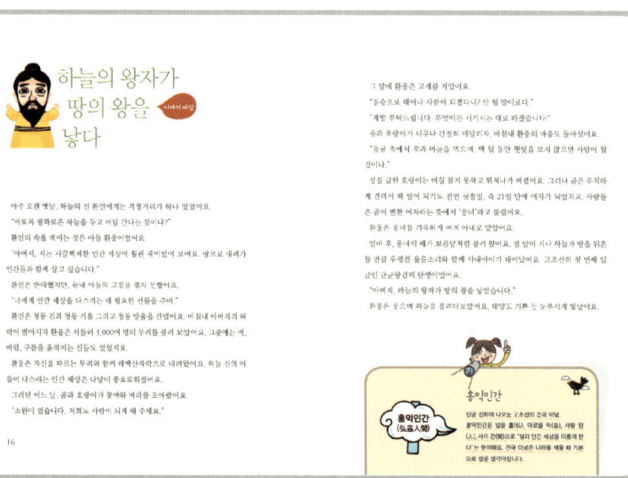

각 권 20명씩 총 3권에 60명의 위인이 담겨 있어요!

 3. 지식 마당

역사적 배경 지식을 탄탄히 쌓아요!

생활 속에 녹아 있는 역사적 배경 이야기는 물론, 시험에 자주 나오는 역사 지식이 담겨 있어요.
좀 더 깊이 있는 역사 지식을 탄탄히 쌓고 싶다면 놓치지 마세요!

 4. 퀴즈 마당

앞에서 읽은 내용을 꼭꼭 다지고 넘어가요!

이야기를 읽었다면 누구나 풀 수 있는 쉬운 퀴즈, 푸하하 웃음이 터지는 재미난 퀴즈예요.

단군 신화 속 숨은 비밀 찾기

우리 민족의 건국 신화인 단군 신화는 사실일까요, 거짓일까요? 신화를 잘 살펴보면 그 비밀을 파헤칠 수 있어요. ==환웅이 하늘에서 내려왔다는 것은 우리 민족이 그만큼 신성하고 강력한 힘을 가졌다는 것을 뜻해요.== 비 신, 바람 신, 구름 신을 데려왔다는 것은 고조선이 농업 사회였다는 걸 알려 주지요. 농사짓는 데 날씨만큼 중요한 것은 없으니까요.

사람이 되기를 원했던 곰과 호랑이 중에서 곰이 여자로 변해 단군왕검을 낳았다는 것은 무슨 뜻일까요? 옛날에 곰을 섬기는 부족과 호랑이를 섬기는 부족이 있었어요. 이들이 새로 등장한 환웅 부족과 만나게 되었고, ==곰을 섬기는 원주민 부족과 이주해 온 환웅 부족이 어울려 새 나라를 만들었다는 뜻이 숨어 있답니다.==

1. '단군왕검'이라는 이름의 뜻은 무엇일까요?

　　① 단군은 단단한, 왕검은 왕의 칼
　　② 단군은 제사장, 왕검은 지배자
　　③ 단군은 달콤한, 왕검은 왕사탕

2. 단군 신화 속 숨은 비밀 중에서 틀린 것을 골라 보세요.

　　① 환웅은 하늘에서 내려왔다 - 그만큼 신성한 나라이다.
　　② 비, 바람, 구름 신이 함께 왔다 - 고조선은 농경 사회이다.
　　③ 곰이 여자가 되었다 - 곰이 호랑이보다 훨씬 예쁘다.

18

 위인 동화책은 각 권 20명씩, 1권은 고대부터 삼국 시대 인물 20명, 2권은 고려부터 조선 전기 인물 20명, 3권은 조선 후기부터 근대 인물 20명의 에피소드를 담았어요! 단군왕검부터 고종까지! 꼭 기억해야 할 교과서 핵심 인물 60명의 동화를 《체험! 가위 잡고 한국사》 시리즈에서 모두 만날 수 있어요.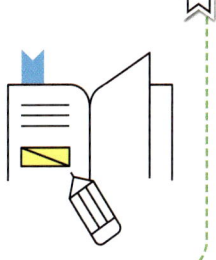

 이 책의 구성 **만들기책** ······ 인물을 만드는 동안 역사 지식이 저절로 암기되고 주사위 놀이판을 통해 기억이 고정됩니다!

만들기책은 입체 인형 10명 1벌+미니 인형 20명 2벌+주사위 놀이판이 있어요!

 1. 조립형 입체 인형

꼭 기억해야 할 핵심 인물 10명을 입체로 만들어요!

권별로 꼭 기억해야 할 교과서 핵심 인물 10명의 입체 인형을 만들 수 있어요. 시리즈 전체 3권의 30명을 시대별로 세워 놓고 익히면, 한국사 연표가 수능 볼 때까지 기억날 거예요!

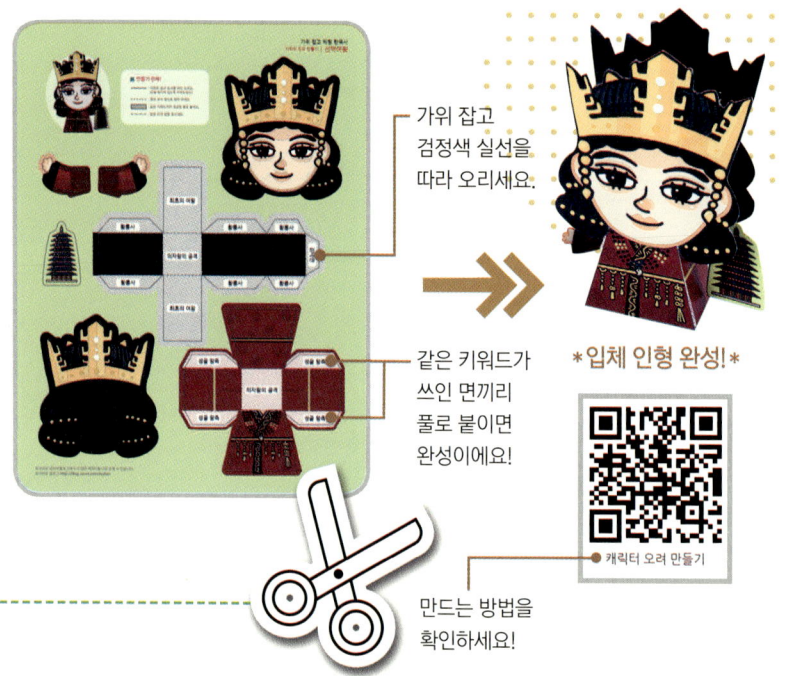

가위 잡고 검정색 실선을 따라 오리세요.

입체 인형 완성!

같은 키워드가 쓰인 면끼리 풀로 붙이면 완성이에요!

● 캐릭터 오려 만들기

만드는 방법을 확인하세요!

 2. 손쉽게 만드는 미니 인형

이 책에 나오는 인물 20명 모두 만들어요!

손쉽게 오려 세울 수 있는 미니 인형은 20명 모두 2벌씩 제공해요. 친구와 함께 가지고 놀기도 하고 전시용으로 세워 놓아 보세요. 그 밖에도 한국사 주사위 놀이판 말이나, 학교 수업 준비물로 다양하게 활용하세요.

 *미니 인형 완성!*

각 권 20명씩 총 3권에 60명의 위인이 담겨 있어요!

3. 주사위 놀이판

주사위를 떼구루루 굴리면 시대와 주요 인물이 머릿속에 쏙쏙!

《체험! 가위 잡고 한국사》에는 재미있는 한국사 주사위 놀이판이 있어요.
부모님 또는 친구와 함께 놀면서 역사 연표를 외워 보세요!

— 이 책을 지도하는 학부모님과 선생님께 —

❶ 만들기 전에 몰입할 환경을 함께 만드세요.

역사 인물 만들기 과정에 돌입하면, 한 가지만 주의해 주세요. 주위 환경 때문에 집중력이 흩어져 자칫 다칠 수도 있으니 아이가 집중할 수 있도록 주변을 함께 정리해 주세요.

❷ 접거나 풀칠할 때 이런 대화를 하면 좋아요.

인형을 만들 때는 곁에서 이해를 돕는 질문을 던져 주세요. "이 인물은 누구니?", "뭘 한 사람이지?", "어떤 이야기가 가장 기억에 남니?" 등 책을 읽었다면 쉽게 역사에 대한 대화를 나눌 수 있어요.

❸ 인물 인형이 완성되면 시대 순으로 세워 전시하세요.

역사 인물 인형이 완성되면 시대 순으로 세워 전시하세요. 역사 연표가 저절로 외워질 거예요. 또한 완성된 역사 인물들을 무작위로 뽑아 '역사 인물 맞히기' 게임을 해도 즐거울 거예요.

이 작은 종이 인형이 아이의 미래에 일으킬 나비 효과를 기대해 주세요.

9

 이렇게 완성하세요! # 조립형 입체 인형

권별로 꼭 기억해야 할 핵심 인물 10명을 입체로 만들어요!

 단군왕검

 근초고왕

 광개토대왕

 을지문덕

 선덕 여왕

 김춘추

 김유신

 원효

 대조영

 장보고

손쉽게 만드는 미니 인형 이렇게 완성하세요!

20명 모두 2벌씩 제공해요. 주사위 놀이판 말로도 사용하고, 친구와 함께 만들어 노세요!

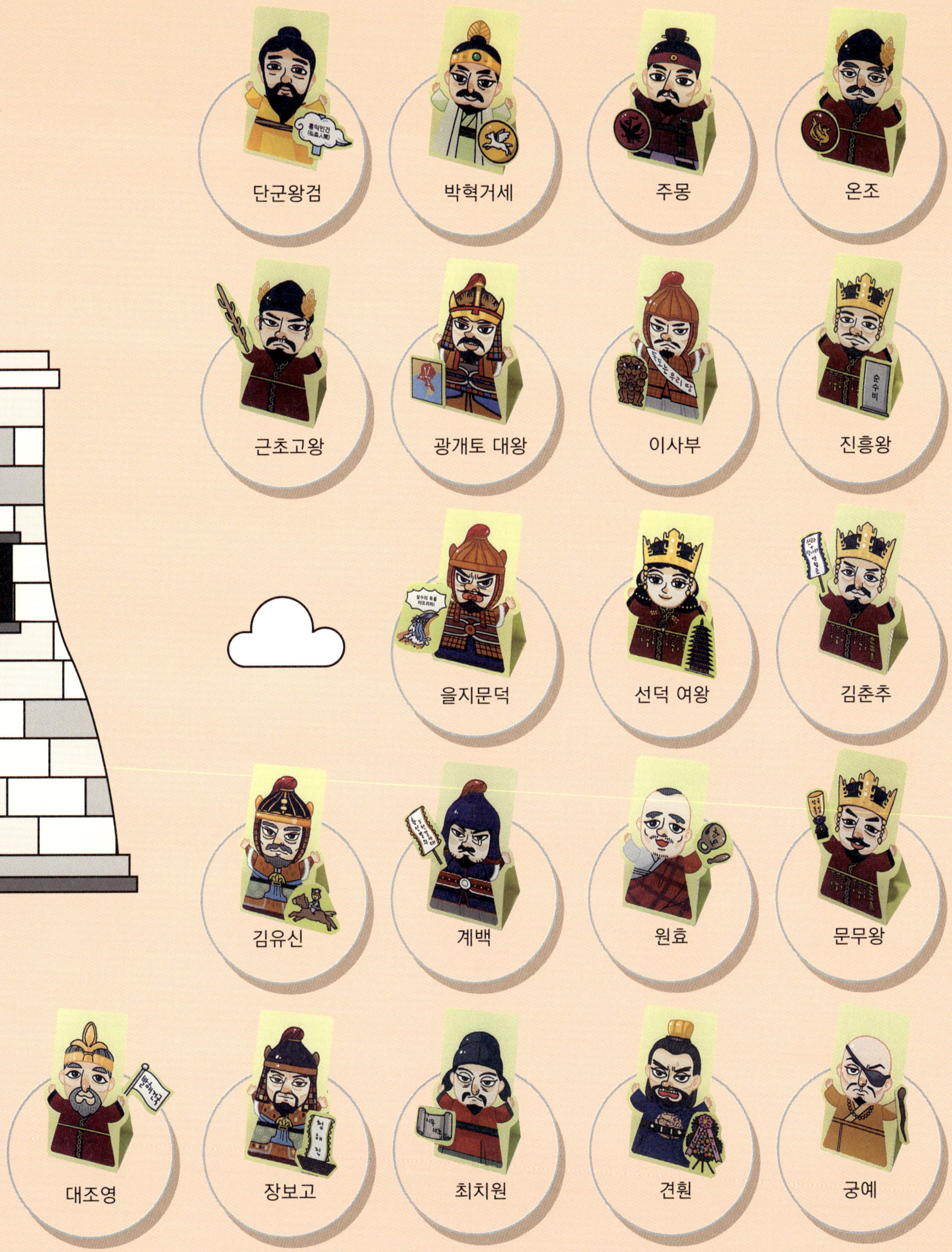

단군왕검	박혁거세	주몽	온조
근초고왕	광개토 대왕	이사부	진흥왕
	을지문덕	선덕 여왕	김춘추
김유신	계백	원효	문무왕
대조영	장보고	최치원	견훤	궁예

차 례

우리 민족 최초의 국가를 세우다! __ 단군왕검 ⋯⋯⋯⋯⋯⋯ 15
하늘의 왕자가 땅의 왕을 낳다

알에서 태어나 신라를 세운 왕 __ 박혁거세 ⋯⋯⋯⋯⋯⋯ 19
박 모양 알에서 태어난 아이

고구려의 왕이 된 활 쏘는 사람 __ 주몽 ⋯⋯⋯⋯⋯⋯ 23
하늘이 내리고 땅이 돕는 임금님

백제의 왕이 된 고구려 왕자 __ 온조 ⋯⋯⋯⋯⋯⋯ 27
만백성이 따르는 나라, 백제

위풍당당! 백전백승! 백제의 힘 __ 근초고왕 ⋯⋯⋯⋯⋯⋯ 31
눈부시게 찬란한 백제의 승리

고구려가 천하의 중심이다! __ 광개토 대왕 ⋯⋯⋯⋯⋯⋯ 35
고구려를 최고의 나라로 만들 것이다!

독도는 우리 땅! 신라 최고의 장군 __ 이사부 ⋯⋯⋯⋯⋯⋯ 39
우산국을 정복한 놀라운 꾀

신라의 왕, 삼국 통일을 꿈꾸다! __ 진흥왕 ⋯⋯⋯⋯⋯⋯ 43
한강을 얻기 위해서라면 뭐든지 한다!

수나라를 무너뜨린 살수 대첩의 영웅 __ 을지문덕 ⋯⋯⋯⋯⋯⋯ 47
청야 전술 + 항복 작전 = 살수 대첩의 승리

지혜롭게 위기를 극복한 신라 최초의 여왕 __ 선덕 여왕 ⋯⋯⋯⋯⋯⋯ 51
신비로운 세 가지 예언

삼국 통일의 기반을 닦은 태종 무열왕 __ 김춘추 ········· 55
반드시 내 손으로 백제를 무너뜨리겠다!

신라를 통일로 이끈 주인공 __ 김유신 ········· 59
평생에 걸쳐 꿈을 이루다

백제의 최후를 지킨 마지막 장군 __ 계백 ········· 63
백제의 계백과 신라의 관창

해골에 담긴 물을 마신 신라의 승려 __ 원효 ········· 67
세상 모든 일은 내 마음에 달렸다

바다의 용이 되어 신라를 지키다! __ 문무왕 ········· 71
죽어서도 나라를 지키겠노라

발해의 왕이 된 고구려 장수 __ 대조영 ········· 75
바다 동쪽에서 떠오르는 나라, 발해

푸른 바다를 거침없이 누빈 해상왕 __ 장보고 ········· 79
강했던 해상왕의 쓸쓸한 마지막

세상을 바꾸려 했던 천재의 눈물 __ 최치원 ········· 83
나를 알아주는 사람 하나 없구나

후백제를 세우고 제 손으로 무너뜨린 왕 __ 견훤 ········· 87
내 손으로 세운 나라, 내 손으로 거두리라

나라를 세운 영웅인가, 사람들을 괴롭힌 폭군인가? __ 궁예 ········· 91
신라가 버린 왕족, 후고구려의 왕이 되다

Q&A 퀴즈 마당 정답 ········· 95

단군왕검부터 궁예까지,
고대부터 삼국 시대까지의
반짝반짝 한국사 인물 20인을
만나러 떠나요!

우리 민족 **최초의 국가**를 세우다!

단군왕검

인물 마당

이름: 단군왕검

직업: 우리나라 최초의 국가인 고조선의 첫 번째 왕

이름의 뜻?: '단군'은 제사를 올리는 제사장, '왕검'은 나라를 다스리는 지배자를 뜻해. 고조선은 제사와 정치를 하나로 여겼거든.

가족 관계: 내 할아버지는 하늘을 다스리는 신 환인이야. 아버지는 환웅. 아버지는 인간 세상에 내려와서 곰이 여자로 변한 웅녀와 결혼해서 나를 낳았지.

좌우명: 홍익인간. 널리 인간을 이롭게 하라는 뜻이야.

왕위에는 몇 년 동안?: 글쎄.《삼국유사》에 따르면 1500여 년 동안 나라를 다스리고 1908세까지 살았다지?

진실? 거짓?: 당연히 진실이고말고. 단군왕검은 나만의 이름이 아니거든. 제사장이자 지배자의 이름이라서 다른 사람들이 계속 물려받았단다.

홍익인간
(弘益人間)

기원전 2333 ○ **고조선**을 세웠어요.
1500여 년 동안 나라를 다스렸어요.

? ○ 후손에게 왕위를 물려주었어요.

? ○ **아사달산**으로 들어가 **산신**이 되었다고 해요.

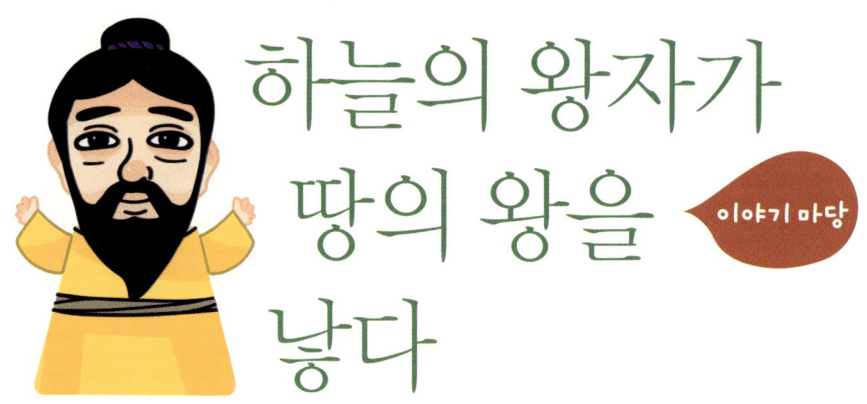

하늘의 왕자가 땅의 왕을 낳다

이야기 마당

아주 오랜 옛날, 하늘의 신 환인에게는 걱정거리가 하나 있었어요.

"이토록 평화로운 하늘을 두고 어딜 간다는 것이냐?"

환인의 속을 썩이는 것은 아들 환웅이었어요.

"아버지, 저는 시끌벅적한 인간 세상이 훨씬 재미있어 보여요. 땅으로 내려가 인간들과 함께 살고 싶습니다."

환인은 반대했지만, 끝내 아들의 고집을 꺾지 못했어요.

"너에게 인간 세상을 다스리는 데 필요한 선물을 주마."

환인은 청동 검과 청동 거울 그리고 청동 방울을 건넸어요. 마침내 아버지의 허락이 떨어지자 환웅은 서둘러 3,000여 명의 무리를 불러 모았어요. 그중에는 비, 바람, 구름을 움직이는 신들도 있었지요.

환웅은 자신을 따르는 무리와 함께 태백산자락으로 내려왔어요. 하늘 신의 아들이 다스리는 인간 세상은 나날이 풍요로워졌어요.

그러던 어느 날, 곰과 호랑이가 찾아와 머리를 조아렸어요.

"소원이 있습니다. 저희도 사람이 되게 해 주세요."

그 말에 환웅은 고개를 저었어요.

"짐승으로 태어나 사람이 되겠다니? 안 될 말이로다."

"제발 부탁드립니다. 무엇이든 시키시는 대로 하겠습니다!"

곰과 호랑이가 너무나 간절히 매달리자, 마침내 환웅의 마음도 돌아섰어요.

"동굴 속에서 쑥과 마늘을 먹으며, 백 일 동안 햇빛을 보지 않으면 사람이 될 것이다."

성질 급한 호랑이는 며칠 참지 못하고 뛰쳐나가 버렸어요. 그러나 곰은 우직하게 견뎌서 백 일이 되기도 전인 삼칠일, 즉 21일 만에 여자가 되었지요. 사람들은 곰이 변한 여자라는 뜻에서 '웅녀'라고 불렀어요.

환웅은 웅녀를 갸륵하게 여겨 아내로 맞았어요.

얼마 후, 웅녀의 배가 보름달처럼 불러 왔어요. 열 달이 지나 하늘과 땅을 뒤흔들 만큼 우렁찬 울음소리와 함께 사내아이가 태어났어요. 고조선의 첫 번째 임금인 단군왕검의 탄생이었어요.

"아버지, 하늘의 왕자가 땅의 왕을 낳았습니다."

환웅은 웃으며 하늘을 올려다보았어요. 태양도 기쁜 듯 눈부시게 빛났어요.

홍익인간 (弘益人間)

단군 신화에 나오는 고조선의 건국 이념. 홍익인간은 넓을 홍(弘), 이로울 익(益), 사람 인(人), 사이 간(間)으로 '널리 인간 세상을 이롭게 한다'는 뜻이에요. 건국 이념은 나라를 세울 때 기본으로 삼은 생각이랍니다.

단군 신화 속 숨은 비밀 찾기

우리 민족의 건국 신화인 단군 신화는 사실일까요, 거짓일까요? 신화를 잘 살펴보면 그 비밀을 파헤칠 수 있어요. 환웅이 하늘에서 내려왔다는 것은 우리 민족이 그만큼 신성하고 강력한 힘을 가졌다는 것을 뜻해요. 비 신, 바람 신, 구름 신을 데려왔다는 것은 고조선이 농업 사회였다는 걸 알려 주지요. 농사짓는 데 날씨만큼 중요한 것은 없으니까요.

사람이 되기를 원했던 곰과 호랑이 중에서 곰이 여자로 변해 단군왕검을 낳았다는 것은 무슨 뜻일까요? 옛날에 곰을 섬기는 부족과 호랑이를 섬기는 부족이 있었어요. 이들이 새로 등장한 환웅 부족과 만나게 되었고, 곰을 섬기는 원주민 부족과 이주해 온 환웅 부족이 어울려 새 나라를 만들었다는 뜻이 숨어 있답니다.

1. '단군왕검'이라는 이름의 뜻은 무엇일까요?

   ① 단군은 단단한, 왕검은 왕의 칼

   ② 단군은 제사장, 왕검은 지배자

   ③ 단군은 달콤한, 왕검은 왕사탕

2. 단군 신화 속 숨은 비밀 중에서 틀린 것을 골라 보세요.

   ① 환웅은 하늘에서 내려왔다 - 그만큼 신성한 나라이다.

   ② 비, 바람, 구름 신이 함께 왔다 - 고조선은 농경 사회이다.

   ③ 곰이 여자가 되었다 - 곰이 호랑이보다 훨씬 예쁘다.

알에서 태어나 **신라**를 세운 왕

박혁거세

인물 마당

이름: 박혁거세

직업: 신라를 세운 왕이자 박씨 가문의 시조

이름의 뜻?: 밝게 세상을 다스릴 사람이란 뜻이야. 내가 깨고 나온 알이 박처럼 둥글어서 박이란 성이 붙었어.

알에서 태어났다고?: 신라가 생기기 전, 경주 땅에는 여섯 개의 마을이 있었어. 여섯 촌장들은 왕으로 세울 사람을 찾고 있었지. 그런데 우물 옆에서 빛이 쏟아지더니 새하얀 말이 나타나 꾸벅 절하는 거야. 사람들이 가 보니 말은 하늘로 올라가고 큰 알만 하나 남아 있었어. 그 알에서 내가 태어난 거야.

못 믿겠는데: 어허, 더 신기한 이야기가 많다고. 하여튼 내가 서라벌의 왕이라는 건 사실이야.

서라벌이란?: 신라라는 이름이 처음부터 생긴 것은 아니야. 기원전 57년 내가 왕이 되었을 무렵엔 서라벌이라고 했지. 서벌, 사라, 사로 등으로 불리다 6세기 초반 지증왕 때 비로소 신라가 되었어.

기원전 69 ○ **알에서** 태어났어요.

기원전 57 ○ **13세**의 나이로 **서라벌의 왕**이 되었어요. 60년이 넘도록 평화롭게 나라를 다스렸어요.

서기 4 ○ 하늘로 올라간 지 7일 만에 몸이 조각조각 흩어져 땅으로 떨어졌다고 해요.

박 모양 알에서 태어난 아이

이야기 마당

"이게 꿈인가, 생시인가? 이 아이가 정말 알에서 태어난 게 맞소?"

여섯 촌장은 자기 눈을 믿을 수가 없었어요.

"나라를 강하게 만들 임금을 내려 달라고 기도했더니, 하늘이 들어주신 모양입니다."

누군가 감격한 듯 중얼거렸어요.

가까스로 정신을 차린 촌장들은 아이를 동쪽 개울로 데려갔어요. 맑은 물에 목욕을 시키자 아이의 몸에서 찬란한 빛이 쏟아져 나왔어요. 그 순간 우르릉! 땅이 흔들리고 새들이 일제히 날아올랐어요. 그뿐만이 아니에요. 해와 달이 밝은 빛을 내뿜고 온 세상이 춤을 추었어요.

"위대한 왕이 오셨다!"

촌장들의 놀라움이 가시기도 전에 또다시 신비한 일이 벌어졌어요. 다른 우물가에 용이 나타난 거예요. 마치 닭처럼 생긴 용은 오른쪽 겨드랑이 갈비뼈 밑으로 여자아이를 낳았어요. 아이는 예뻤지만, 입술이 닭의 부리처럼 뾰족했어요.

한 할머니가 여자아이를 북쪽 개울로 데려가 목욕을 시켰더니 부리가 쏙 빠졌어요. 그러자 나무랄 데 없이 예쁜 얼굴이 되었지요. 이 아이에게는 우물 이름을 따서 알영이라는 이름이 붙었어요. 촌장들은 신비롭게 태어난 두 아이를 정성스레 보살폈어요.

　세월은 빠르게 흘러갔어요. 어느덧 열세 살이 된 박혁거세는 알영을 아내로 맞았어요. 그리고 서라벌의 왕이 되었어요.

"알에서 태어난 왕이 용이 낳은 왕비를 맞으셨네. 하늘이 내리신 분들이니 우리나라도 잘 보살펴 주실 거야."

　백성들의 기대대로 박혁거세는 어질고 지혜로운 왕이었어요. 나라는 평화로웠고 백성들은 행복했어요.

　61년 동안 나라를 다스린 뒤 박혁거세는 죽어서 하늘로 돌아갔어요.

　그런데 박혁거세가 죽은 지 7일 만에 놀라운 일이 벌어졌어요. 그의 몸이 여러 조각으로 잘려 하늘에서 땅으로 떨어진 거예요. 장례를 치르려고 왕의 몸 조각을 한데 모으려 했지만 큰 뱀이 나타나 방해했어요. 백성들은 할 수 없이 왕의 몸을 따로따로 묻었어요. 그 바람에 결국 무덤이 다섯 개나 만들어졌답니다.

천마

하늘을 나는 말이라는 뜻으로 신라의 상징. 신라의 건국 신화에도 나타나듯 신라에서는 말을 신성한 존재로 여겼어요. 경주의 천마총에는 천마가 하늘로 날아오르는 그림이 그려진 유물이 있지요.

신비로운 탄생의 또 다른 주인공들

신라에는 알에서 태어난 또 다른 왕이 있어요. 제4대 왕 석탈해예요. 석탈해는 신라 주변의 작은 나라인 용성국에서 왕자로 태어났어요. 하지만 알로 태어나는 바람에 왕에게 버림을 받았지요. 어머니는 알을 궤짝에 넣어 몰래 바다에 띄워 보냈어요. 궤짝은 멀리멀리 흘러갔어요. 한 할머니가 궤짝을 발견해 열어 보니 아이가 있었어요. 할머니는 아이에게 석탈해라는 이름을 지어 주었어요. 석탈해는 현명하고 지혜로운 청년으로 자라났어요. 그 소문을 들은 신라의 제2대 남해왕이 공주를 석탈해에게 시집보냈어요. 그 후 석탈해는 신라의 네 번째 임금이 되었지요.

그러던 어느 날, 숲속에서 닭 울음소리가 들렸어요. 신하가 가 보니 나무 위에 황금 궤짝이 걸려 있었어요. 석탈해가 궤짝을 열자 어린아이가 나왔어요. 하늘의 선물로 생각한 석탈해는 아이에게 김알지란 이름을 주고 태자로 삼았어요. 하지만 김알지는 왕위를 다른 왕자에게 양보했어요. 세월이 흐른 뒤 김알지의 후손은 신라의 제13대 미추왕이 되었답니다.

1. 박혁거세 이름의 뜻을 틀리게 설명한 것을 찾아보세요.

    ① 박처럼 둥근 알에서 태어났다는 뜻

    ② 박수를 못 받을 사람이라는 뜻

    ③ 세상을 밝게 만들 사람이라는 뜻

2. 박혁거세에 얽힌 설화가 아닌 것은 무엇일까요?

    ① 알에서 태어났어요.

    ② 닭처럼 생긴 용이 낳은 여자아이가 훗날 박혁거세의 아내가 되었어요.

    ③ 죽은 뒤 몸이 다시 땅으로 떨어졌어요.

    ④ 곰이 여자로 변해 낳은 사람이에요.

고구려의 왕이 된 활 쏘는 사람
주몽

인물 마당

이름: 고주몽. 주몽은 활을 잘 쏘는 사람이라는 뜻이야.

직업: 고구려를 세운 동명성왕

가족 관계: 아버지 해모수는 하늘 왕의 아들, 어머니 유화 부인은 강의 신 하백의 딸이야. 유화 부인은 부모의 허락 없이 결혼해서 집에서 쫓겨났어. 동부여의 금와왕이 유화 부인을 가엾게 여겨 궁궐로 데려갔지. 그런데 놀라운 일이 벌어졌어.

무슨 일?: 유화 부인이 커다란 알을 낳은 거야! 당황한 왕은 그 알을 짐승들에게 먹이로 주었어. 하지만 짐승들은 알을 건드리지도 않았지. 할 수 없이 유화 부인에게 다시 돌려주었고, 그 알에서 내가 태어났단다.

왜 부여를 떠났는지?: 금와왕에게는 아들이 일곱 명 있었어. 그들은 왕위를 빼앗길까 봐 나를 해치려고 했어. 그래서 정든 부여를 떠난 거야. 그 덕에 고구려를 세우게 되었지.

- **기원전 58** ○ **알**에서 태어났어요.
- **기원전 37** ○ **고구려**를 세우고 **동명성왕**이 되었어요.
- **기원전 36** ○ 송양왕이 다스리는 **비류국**을 정복했어요.
- **기원전 32** ○ **행인국**을 정복했어요.
- **기원전 28** ○ **북옥저**를 멸망시켰어요.
- **기원전 19** ○ 40세의 나이로 세상을 떠났어요.

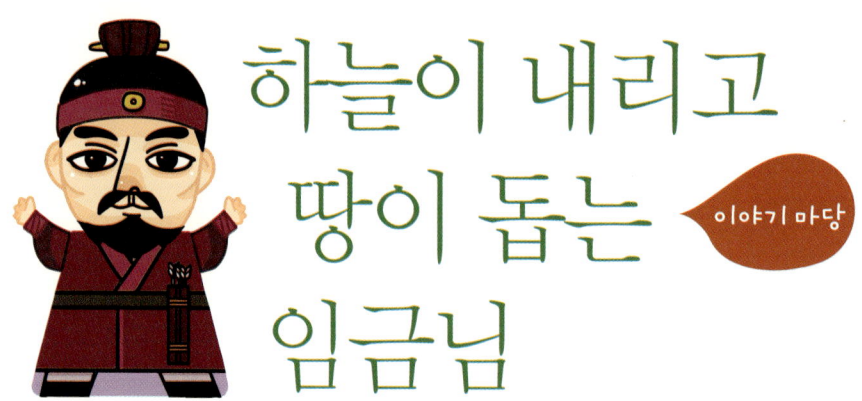

하늘이 내리고 땅이 돕는 임금님

이야기 마당

"이랴!"

주몽을 태운 말이 바람을 가르며 달렸어요. 부하인 오이, 마리, 협보가 그 뒤를 따랐어요.

"아들아, 부여에서는 너의 목숨이 위험하니 어서 떠나라."

어머니 유화 부인은 눈물을 흘리며 주몽을 떠나보냈어요. 어머니를 생각하자 주몽은 가슴이 찢어질 듯 아팠어요.

그때, 말이 갑자기 걸음을 멈추더니 울부짖었어요. 길이 뚝 끊기고 커다란 강이 나타났거든요. 강물은 깊고도 넓었어요. 쉽사리 건너갈 용기가 나질 않았어요.

"뒤에서 군사들이 쫓아옵니다! 앞뒤가 꽉 막혔어요!"

오이가 소리쳤어요. 부여에서 주몽을 잡으려고 군사들을 보낸 거예요.

오이, 마리, 협보는 어찌할 바를 몰라 쩔쩔맸어요. 주몽은 초조하게 강 너머를 바라보았어요. 모든 게 끝난 것만 같았어요.

"하늘의 신과 물의 신이시여! 부디 저를 도와주십시오!"

주몽은 애타게 소리쳤어요.

그러자 신기하게도 물고기 떼와 자라 떼가 몰려들었어요. 그러고는 꼬리에 꼬리를 물고 다리를 만들어 주었지요. 주몽과 부하들은 물고기와 자라가 놓아 준 다리 덕분에 무사히 강을 건넜어요.

뒤쫓던 부여 군사들도 똑같이 건너려고 했지만, 물고기 떼와 자라 떼가 재빨리 흩어져 버렸어요. 군사들은 물에 빠져 허우적거렸어요. 그 틈을 타 주몽과 부하들은 멀리 달아났어요.

주몽은 압록강 근처 산골짜기 마을에 도착했어요. 높은 산과 깊은 계곡을 품은 산악 지대였어요. 농사지을 땅은 부족했지만 사냥할 산짐승은 많았어요. 주몽은 이곳이 마음에 들었어요. 그곳은 졸본이라는 곳이었어요.

주몽은 먼 산을 향해 화살을 쏘았어요. 날아가던 새가 화살에 맞아 떨어졌어요. 뛰어난 활 솜씨에 놀란 사람들이 환호성을 질렀어요.

"나는 신의 도움을 받아 새 나라를 세우러 왔소. 이곳을 도읍으로 정하고 나라의 이름을 고구려라고 하겠소. 앞으로 나를 고주몽이라 불러 주시오."

주몽이 이끄는 새 나라, 고구려가 탄생하는 순간이었어요.

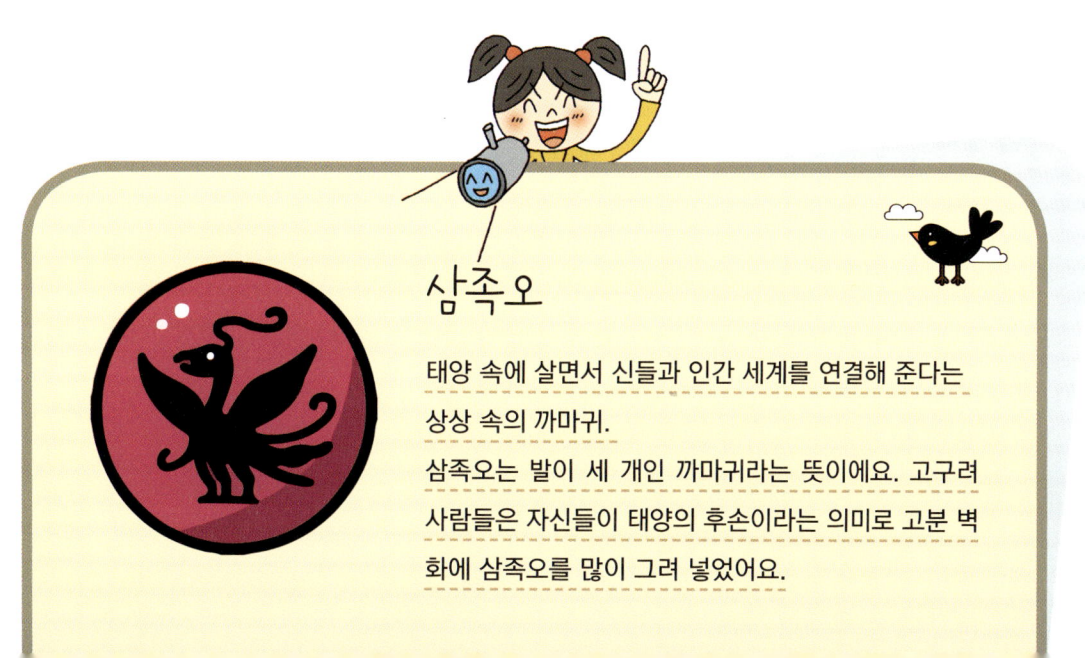

삼족오

태양 속에 살면서 신들과 인간 세계를 연결해 준다는 상상 속의 까마귀.

삼족오는 발이 세 개인 까마귀라는 뜻이에요. 고구려 사람들은 자신들이 태양의 후손이라는 의미로 고분 벽화에 삼족오를 많이 그려 넣었어요.

나가자, 싸우자, 이기자! 고구려의 힘

고구려는 무예를 중요하게 여겼어요. 뛰어난 활 솜씨를 지닌 주몽은 주변 국가들을 차례차례 정복해 나갔어요. 고구려는 점점 더 강하고 큰 나라가 되었어요. 사람들은 주몽을 동명성왕이라고 부르며 존경했어요. 동명성왕은 동쪽을 밝힌 성스러운 왕이라는 뜻이에요.

주몽의 뒤를 이은 아들 유리왕은 졸본성에서 국내성으로 수도를 옮겼어요. 그 이후 고구려는 나라를 넓히는 데 온 힘을 기울였어요. 제6대 태조왕에 이를 때까지 활발하게 정복 활동을 펼쳤지요. 그러면서 왕권을 강하게 다지고 여러 제도를 갖추었어요.

이렇듯 고구려는 나라를 세우자마자 주변의 나라들을 하나로 만들며 땅을 넓혀 갔어요. 그 덕에 제19대 광개토 대왕 시절에는 동북아시아에서 가장 넓고 강한 나라가 되었답니다.

1. 고주몽이란 이름의 뜻으로 맞는 것은 무엇일까요?

    ① 고구마를 좋아하는 사람

    ② 주먹이 센 사람

    ③ 활을 잘 쏘는 사람

2. 주몽의 가족 관계 중 설명이 틀린 것을 골라 보세요.

    ① 아버지 해모수 - 하늘 왕의 아들

    ② 어머니 유화 부인 - 강의 신 하백의 딸

    ③ 박혁거세 - 알에서 태어난 쌍둥이 형

백제의 왕이 된 고구려 왕자

온조

이름: 온조

가족 관계: 아버지 주몽, 어머니 소서노, 형 비류

직업: 고구려의 왕자였지만 백제의 왕이 됨.

왜?: 아버지 주몽에게는 부여에 두고 온 아내와 자식이 있었어. 졸본으로 와서 어머니 소서노와 다시 결혼한 거야. 그런데 어느 날 갑자기 친아들 유리가 찾아왔고, 아버지는 유리를 태자로 정했지. 우리 형제는 결단을 내려야 했어.

어떤 결단?: 고구려를 떠나 새 나라를 세우기로 한 거야. 신하 열 명과 많은 백성이 우리를 따랐어.

어디로 갔는지?: 나는 한강 근처로, 형 비류는 바닷가로 떠났지. 나는 신하들의 뜻을 따라 한강 유역의 위례성에 나라를 세웠어. 한강 유역은 농사짓기도 좋고 중국과 오가며 문화를 나누기에도 좋았거든.

나라 이름은?: 열 명의 신하가 함께한다는 뜻에서 '십제'라고 했어. 백제의 시작이었지.

?	태어난 해는 정확하게 알 수 없어요.
기원전 18	**백제**를 세우고 **왕**이 되었어요. 그 후 왕의 성을 **부여씨**라고 했어요.
기원전 9	땅을 넓혔어요.
서기 28	세상을 떠났어요.

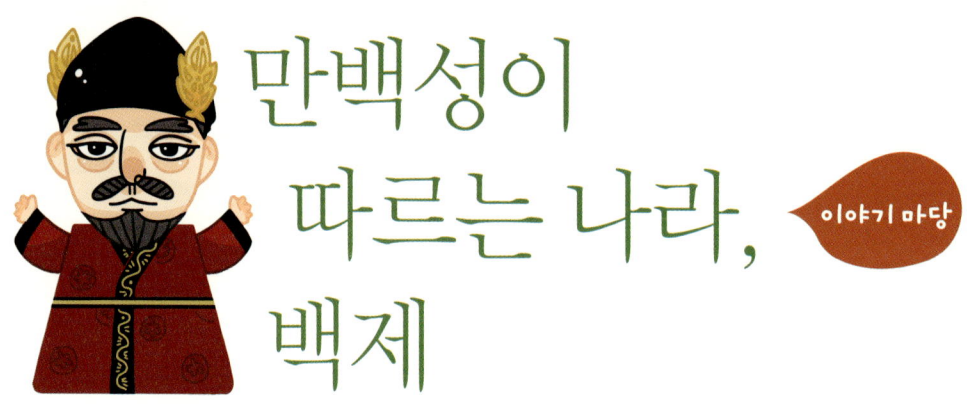

만백성이 따르는 나라, 백제

이야기 마당

마침내 두 형제가 각자의 길로 떠나야 할 순간이 왔어요. 그러나 선뜻 발이 떨어지지 않았어요.

비류와 온조는 안타깝게 서로 마주 보았어요.

"동생아, 나와 함께 바닷가로 가자꾸나."

"형님! 신하들이 저토록 반대하는데, 꼭 가야만 하겠습니까?"

온조가 간곡히 부탁했으나 비류는 뜻을 꺾지 않았어요.

새로 자리 잡을 곳을 정할 때 온조는 한강 근처로, 비류는 바닷가로 가려고 했어요. 신하들은 한강 근처가 여러모로 좋은 곳이라며 이곳을 도읍으로 삼자고 했어요. 하지만 비류는 바닷가로 가겠다며 우겼지요.

어머니 소서노는 온조와 함께하기로 결정했어요. 비류는 백성들을 이끌고 지금의 인천인 미추홀로 떠났어요. 형의 뒷모습을 바라보는 온조의 얼굴에 근심이 가득했어요. 모두가 말려도 고집부리는 형이 걱정되었기 때문이에요.

온조의 걱정은 현실이 되었어요. 비류가 선택한 바닷가는 좋은 땅이 아니었어요. 습기가 많고 물이 짜서 백성들이 살기 힘들었어요. 농사도 안되어 먹을 게 부족했지요. 굶주림에 지친 백성들은 시름시름 앓다 죽어 갔어요. 비류는 문득 온조를 떠올렸어요.

"동생이 택한 한강 근처는 어떤 곳일까?"

비류가 가 보니 위례성은 풍요로웠어요. 땅은 기름지고 물이 가득해 농사도 잘되었지요. 온조가 다스리는 백성들은 행복하게 잘 살고 있었어요.

"그때 동생과 신하들 말을 들을 것을…. 내 잘못이다. 너무나 부끄럽구나."

비류는 가슴을 치며 후회했지만 이미 늦은 일이었어요. 그는 괴로워하다가 쓸쓸히 세상을 떠나고 말았어요.

비류를 따라갔던 백성들이 하나둘 온조 곁으로 돌아왔어요. 온조는 그들을 반갑게 맞아 주었어요. 지금은 형을 잃은 슬픔에 잠길 때가 아니었어요.

"열 명의 신하가 함께한다는 뜻으로 그동안 우리나라를 '십제'라고 불렀소. 그러나 이제 만백성이 따르는 나라가 되었으니, 이름을 '백제'로 바꾸겠소."

온조는 백성들을 둘러보며 주먹을 불끈 쥐었어요. 형의 몫까지 더 하겠다는 결심으로 가슴이 뜨거워졌어요.

"백제여, 영원하라!"

백제의 백성들은 만세를 부르며 기뻐했어요.

봉황

복을 전해 준다고 알려진 상상 속의 새. 봉황이 세상에 나타나면 천하가 태평해진다고 해요. 백제 무령왕릉의 유물과 백제금동대향로에는 봉황의 모습이 잘 나타나 있어요.

주몽에게 배신당한 소서노

　소서노는 졸본 부여의 공주였어요. 남편이 죽자 두 아들 비류와 온조를 키우며 혼자 살았지만, 주몽을 만난 뒤 그를 돕기로 했지요. 소서노는 자기가 가진 재산과 힘을 이용해 주몽이 군사를 키우도록 도왔어요. 또한, 백성들이 주몽을 잘 따르도록 이끌었어요. 주몽은 소서노의 도움으로 고구려를 세우고 첫 번째 왕이 되었어요.

　주몽과 재혼한 소서노는 큰아들 비류를 고구려의 제2대 왕으로 세우려고 했어요. 하지만 뜻대로 되지 않았어요. 주몽에게는 부여에 두고 온 아들이 있었거든요. 주몽은 부여를 떠나면서 부러진 칼을 주춧돌과 기둥 사이에 숨겼어요. 훗날 아들이 자라거든 이 칼을 가지고 자신을 찾아오라고 일렀지요.

　세월이 흘러 주몽의 아들 유리가 이 칼을 찾아 들고 고구려로 왔어요. 주몽은 유리를 태자로 삼았지요. 심한 배신감을 느낀 소서노는 주몽에게 미련을 두지 않고 두 아들과 함께 고구려를 떠났답니다.

1. 온조가 고구려를 떠난 까닭을 골라 보세요.

　　① 고구려가 고리타분해서

　　② 형 비류와 모험을 떠나고 싶어서

　　③ 주몽의 아들 유리가 태자가 되었기 때문에

2. 백제의 원래 이름은 무엇일까요?

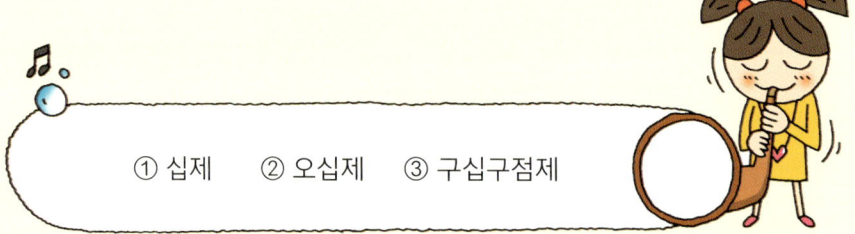

① 십제　② 오십제　③ 구십구점제

위풍당당! 백전백승! **백제의 힘**

근초고왕

인물 마당

이름: 여구. 왕명은 근초고왕

직업: 백제의 제13대 왕

한 일: 영토를 넓혔어. 내가 다스릴 때 백제 땅이 가장 넓었지.

어떻게?: 먼저 남쪽의 작은 나라들을 차례로 공격했어. 지금의 전라도 남쪽 바닷가까지 차지했지. 낙동강 유역에 있는 가야(연맹)의 작은 나라들도 꿀꺽 집어삼켰어.

그다음은?: 북쪽으로 눈을 돌려 고구려와 여러 차례 맞붙었지. 나라 밖으로는 중국, 일본과 문화를 주고받기도 했어.

가장 중요하게 생각한 것은?: 왕권 강화. 즉, 모든 힘을 왕에게로 모으는 것.

방법은?: 부자 상속제를 만들었지.

부자 상속제란?: 왕위를 다른 사람이 아닌 아들에게만 물려주는 제도야. 왕위가 안정되어야 왕의 힘도 강해지니까.

- **?** 태어난 해는 정확하게 알 수 없어요.
  백제의 제11대 왕인 **비류왕의 둘째 아들**로 태어났어요.
- **346** 백제의 **제13대 왕**이 되었어요.
- **366** **마한**의 전 지역을 차지했어요.
- **371** 고구려를 공격해 고국원왕을 쓰러뜨리고 **대동강 유역**까지 나아갔어요.
- **375** 세상을 떠났어요.

눈부시게 찬란한 백제의 승리

이야기 마당

"우리를 막을 자 누구냐? 우리 백제군은 무적이다!"

군사들이 한창 훈련 중이었어요. 구슬땀을 흘리는 군사들을 보며 근초고왕은 무척 흐뭇했어요.

"참으로 든든하구나. 백제가 계속해서 싸움에 이기는 건 다 군사들 덕이다."

그때였어요. 깜짝 놀랄 소식이 도착했어요.

"고구려의 군사들이 쳐들어왔습니다. 황해도의 치양성이 공격당했습니다!"

근초고왕은 크게 분노했어요. 고구려가 먼저 싸움을 걸다니!

"내가 직접 고구려군을 무찌르겠다. 군사들이여, 나를 따르라!"

"와아아!"

뒤로 물러서기는커녕, 용감하게 앞장서는 왕의 모습에 군사들은 힘차게 함성을 질렀어요.

백제와 고구려는 치열하게 싸웠어요. 자신만만하게 덤볐던 고구려의 고국원왕과 군사들은 점차 힘을 잃고 뒤로 밀렸어요. 근초고왕 밑에서 그동안 꾸준히 단련해 온 백제군의 실력이 워낙 탄탄했기 때문이지요.

결국 치양성 전투는 백제의 승리로 끝났어요.

"맛이 어떠냐? 다시는 백제를 얕잡아 보지 마라!"

그러나 고구려는 포기하지 않고 또다시 쳐들어왔어요. 이번에도 백제가 이겼지만, 언제 다시 공격당할지 몰랐어요.

근초고왕은 먼저 고구려를 쳐야겠다고 결심했어요.

"태자 근구수에게 3만의 군사를 주어 고구려를 공격하게 하라!"

고구려의 고국원왕도 또다시 직접 군사를 이끌고 나와 싸웠어요.

"왕이 없으면 군사도 없다. 고국원왕을 집중 공격하라!"

태자 근구수의 명령에 백제군이 일제히 화살을 겨누었어요.

고국원왕은 황급히 방패를 들었지만 이미 때는 늦었어요. 퍽! 백제군이 쏜 화살에 맞은 고국원왕이 쓰러졌어요. 당황한 고구려 군사들은 이리저리 달아났지요. 백제군은 더 이상 고구려군을 뒤쫓지 않고 위풍당당하게 돌아섰어요.

근초고왕은 승리의 깃발을 올리며 마음껏 기쁨을 누렸어요.

칠지도

가지가 일곱 개 달린 길이 75센티미터 정도의 칼. 근초고왕 때 바다 건너 왜왕에게 선물한 것으로 알려져 있어요. 백제의 아름다운 문화와 기술을 잘 보여 주는 유물이지요.

바다를 누빈 해상 왕국

백제는 고구려와 신라를 제치고 가장 먼저 한강 유역을 차지했어요. 덕분에 바다 건너에 있는 나라들과 활발하게 교류할 수 있었지요. 중국의 동진, 지금의 일본인 왜의 규슈 지방과도 오갔어요. 백제의 학자인 아직기, 왕인 등이 일본으로 가서 한자와 유교, 불교 등 다양한 문화를 전파했어요.

백제의 화려한 문화는 일본에 큰 영향을 미쳤어요. 일본의 나라현에서는 백제의 기술로 만든 칼 칠지도가 발견되었어요. 칠지도는 가지가 일곱 개 달린 칼로, 근초고왕 때 왜왕에게 선물한 것이라고 해요. 칠지도에는 61개의 글자가 금으로 새겨져 있어요. '이 칼은 많은 적병을 물리칠 수 있으니 후대에 전하라'는 내용으로, 당시 백제의 뛰어난 금속 기술을 엿볼 수 있는 유물이지요. 이처럼 4세기 무렵 백제는 위대한 해상 왕국으로 이름을 떨쳤답니다.

1. 근초고왕과 맞서 싸우다가 화살에 맞아 죽은 고구려 왕은 누구일까요?

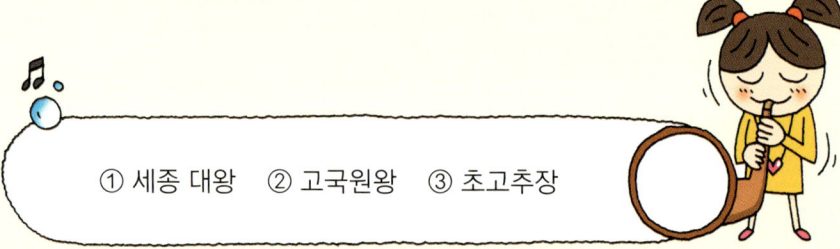

① 세종 대왕 ② 고국원왕 ③ 초고추장

2. 백제가 일본에 전해 준 것으로만 짝지어진 것을 찾아보세요.

① 국어, 수학, 과학

② 종이접기, 만들기, 색칠하기

③ 한자, 유교, 불교, 칠지도

고구려가 천하의 중심이다!

광개토 대왕

인물 마당

이름: 담덕. 나라를 다스릴 땐 영락 대왕으로 불렸어. 광개토 대왕은 땅을 넓혔다는 의미로 훗날 붙은 이름이야.

직업: 고구려의 제19대 왕

한 일: 고구려의 최고 전성기를 이루었어. 남쪽으로는 백제를 공격해 임진강 유역까지 차지했어. 북쪽으로는 중국의 후연을 쳤고, 동부여와 북부여도 쳐서 빼앗았지. 남쪽에 한강을 끼고 북쪽에는 쑹화강을 두었어. 동북으로는 시베리아에 이르기까지, 엄청나게 넓은 땅을 차지했단다.

그 밖에는?: 우리나라에서 가장 처음으로 연호를 사용했어.

연호란?: 옛날에는 해(年)를 셀 때 왕의 이름을 붙였어. 우리나라는 중국 눈치를 보느라 우리 고유의 것을 못 쓰고 중국을 따라 했지. 하지만 나는 당당하게 연호를 만들어 썼어. 영원한 즐거움이라는 뜻의 '영락'이라는 연호였지!

- 374 ○ **고국양왕의 아들**로 태어났어요.
- 391 ○ **고구려의 제19대 왕**이 되었어요.
- 392 ○ **백제를 공격**하고 거란을 정벌했어요.
- 397 ○ **후연의 요동성**을 차지했어요.
- 410 ○ **동부여**를 고구려 아래에 두었어요.
- 413 ○ 40세의 나이로 세상을 떠났어요.

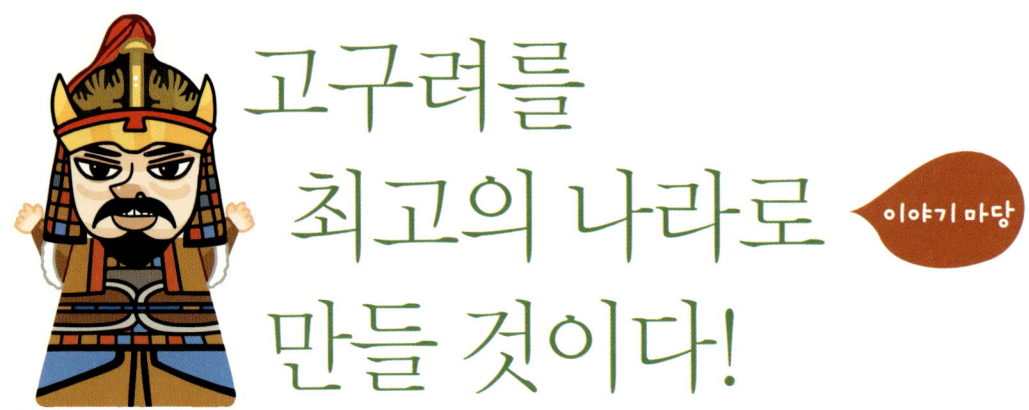

고구려를 최고의 나라로 만들 것이다!

이야기 마당

열세 살 어린 태자가 먼 하늘을 바라보며 깊은 생각에 잠겼어요.

"태자마마, 무슨 생각을 그렇게 골똘히 하십니까?"

신하가 다가와 물었어요. 태자는 한숨을 쉬었어요.

"고구려의 앞날이 걱정이오."

당시 고구려에는 바람 잘 날이 없었어요. 백제와 신라, 중국의 연나라와 거란까지 고구려를 호시탐탐 노렸지요.

"내가 왕이 되면 고구려를 세상에서 제일 강한 나라로 만들 것이오. 백제의 손에 쓰러진 할바마마 고국원왕의 원수도 꼭 갚고야 말겠소."

굳게 다짐하는 태자를 바라보며 신하는 빙그레 웃었어요.

'아직 어린 태자께서 참 기특한 생각을 하시는구나. 대체 어떤 왕이 되시려나?'

그로부터 5년이 지나 태자는 왕위에 올랐어요. 고구려의 최고 전성기를 이끈 광개토 대왕이 탄생하는 순간이었어요. 광개토 대왕은 왕위에 오르자마자 그동안 생각했던 것을 현실로 옮겼어요.

"이제 고구려의 힘을 온 천하에 떨치고, 우리 고구려 땅을 크게 넓힐 것이다!"

"와아아!"

광개토 대왕의 선언에 군사들이 함성을 지르며 칼과 방패를 높이 들어 올렸어요.

"어디부터 칩니까?"

"우리 고구려를 괴롭혀 온 백제부터 친다!"

고구려 군사들은 힘차게 달려나가 백제군을 무찔렀어요. 이로써 고구려는 한강 이북의 땅까지 차지하게 되었어요.

"다음은 만주 지방으로 간다!"

광개토 대왕은 드넓은 만주 땅을 누비며 여러 민족들과 싸워 이겼어요. 고구려의 땅은 나날이 넓어졌어요.

그때 신라에 왜군이 쳐들어왔다는 소식이 들려왔어요. 사실 이것은 신라를 치려는 백제의 작전이었어요. 갑자기 공격당한 신라는 고구려에 도움을 요청했어요. 평소 백제가 왜와 친하게 지내는 것을 못마땅해하던 광개토 대왕은 5만 명의 군사를 보내 신라를 도와주었어요. 무적의 고구려군은 금관가야까지 달아난 왜군을 쫓아가 무찔렀어요.

광개토 대왕의 어릴 적 꿈대로 고구려는 최고로 강한 나라가 되었어요.

광개토 대왕릉비

광개토 대왕의 아들 장수왕이 아버지의 업적을 널리 알리기 위해 세운 비.

높이는 6.39미터이고, 네 면에 고구려의 역사적 사실을 담은 1,775자의 글이 새겨져 있어요. 사진은 서울시 용산구 전쟁 기념관에 설치된 모형이에요.

위대한 왕의 업적을 품은 비석

광개토 대왕의 위대한 업적을 기록한 중요한 유물이 있어요. 현재 중국 지린성 지안에 서 있는 '광개토 대왕릉비'예요. 아들 장수왕이 아버지를 기리기 위해 414년에 세운 것으로 전해져요. 높이는 6.39미터이고, 글자는 1,775자가 쓰여 있는데 그중에서 150여 자는 훼손되어 읽을 수 없어요. 다른 역사서에는 빠져 있는 광개토 대왕의 업적이 자세히 기록되어 있답니다.

광개토 대왕릉비에는 광개토 대왕이 열여덟 살에 왕위에 올라 온 세상에 위엄을 떨쳤다고 기록되어 있어요. 치열한 전투 이야기와 함께 적을 물리쳐 백성이 평화롭게 살았으며, 나라에는 온갖 곡식이 가득해 풍요로웠다고 쓰여 있지요. 그리고 광개토 대왕을 잃은 안타까운 마음도 나타나 있어요. "하늘이 백성들을 불쌍히 여기지 않아 서른아홉 살에 세상을 버리셨다."라는 부분이지요.

1. 광개토 대왕과 관계없는 것을 골라 보세요.

    ① 고국양왕의 아들로 태어났어요.

    ② 백제를 공격하고 거란을 정벌했어요.

    ③ 바다 건너 일본을 점령했어요.

2. 광개토 대왕릉비에 쓰인 내용 중 틀린 것은 무엇일까요?

    ① 온 세상에 위엄을 떨쳤다는 칭송

    ② 목숨을 건 전투

    ③ 광개토 대왕의 첫사랑 이야기

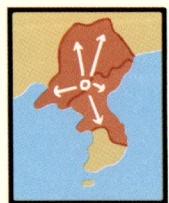

독도는 우리 땅! 신라 최고의 장군

이사부

인물 마당

이름: 이사부. 제17대 내물왕의 4대손으로 왕족 출신이지.

직업: 신라를 키운 장군

한 일: 지증왕 때부터 진흥왕까지 여러 왕을 모시며 수많은 전투를 승리로 이끌었어. 일본, 백제, 고구려, 가야와 맞서 싸워 신라의 땅을 크게 넓혔지.

기억에 남는 일은?: 지금의 울릉도와 독도인 우산국을 신라 땅으로 만든 것.

어떻게?: 지증왕께서 내게 우산국을 정벌하라고 명령하셨거든. 그때까지만 해도 우산국은 신라와 제법 멀리 떨어진 섬나라였어. 우리 땅이 아니라 오랫동안 독립적으로 살아가던 나라였지. 하지만 내가 우산국을 정벌한 덕분에 '독도는 우리 땅'이 된 거야.

또 다른 것은?: 법흥왕 때 금관가야를 정벌했지. 가야를 도우러 온 왜군과 백제군까지 무찔렀어. 진흥왕 때는 화랑 사다함과 함께 대가야를 멸망시켰단다.

- **?** 태어난 해는 정확하게 알 수 없어요.
- **512** **우산국을 정벌**했어요.
- **541** 가장 중요한 벼슬 중 하나인 **병부령**이 되었어요.
- **549** 김유신의 할아버지 김무력과 **한강 상류 지역**을 공격했어요.
- **550** **백제와 고구려의 두 성**을 빼앗았어요.
- **562** 대가야를 멸망시키고 **낙동강 지역을 차지**했어요.
- **?** 세상을 떠난 해는 정확하게 알 수 없어요.

우산국을 정복한 놀라운 꾀

이야기 마당

 이사부는 일렁이는 바다를 눈부신 듯 바라보았어요.

 지증왕 때, 이사부는 오늘날의 강원도 강릉을 다스리는 군주였어요. 동해 너머로 우산국이 보였어요. 손을 뻗으면 닿을 것처럼 보였지만, 사실은 다가가기 힘든 섬이었어요. 파도가 험할 뿐 아니라 사람들도 거칠고 사납다고 소문이 자자했거든요. 하지만 지증왕은 우산국을 신라 땅으로 삼고 싶어 했지요.

 '어찌해야 손에 넣을 수 있을까?'

 이사부는 골똘히 생각에 잠겼어요. 섣부르게 공격했다간 큰 희생을 치를 수도 있었어요. 이럴 때일수록 지혜가 필요했어요.

 며칠을 고민한 끝에 이사부는 군사들에게 나무 사자를 잔뜩 만들게 했어요. 군사들은 그 이유가 너무나 궁금했지만 일단 시키는 대로 따랐어요. 마침내 나무 사자가 모두 완성되자, 이사부는 배에 나무 사자를 가득 싣고 우산국으로 향했어요.

 우산국 사람들도 신라의 장군이 온다는 소식을 들었어요. 땅을 뺏길까 봐 무기를 챙겨 해안가로 달려나갔지요. 치열한 전투가 벌어지기 일보 직전이었어요. 그 순간 이사부가 쩌렁쩌렁 외쳤어요.

"어서 나와서 이것을 보아라!"

그러고는 배 위를 덮은 천을 확 걷게 했어요. 날카로운 이빨을 번뜩이며 나무 사자들이 모습을 드러냈어요.

"헉! 저게 뭐야?"

우산국 사람들은 눈이 휘둥그레졌어요.

"신라에서 가장 사나운 사자들을 데려왔다. 순순히 항복해라. 그러지 않으면 이 짐승들을 풀어 우산국을 짓밟을 것이다!"

그 소리에 우산국 사람들은 와들와들 떨며 무기를 버렸어요. 시키는 대로 할 테니 제발 사자만은 풀지 말아 달라고 애원했지요.

'계획대로 됐군. 이들은 섬사람들이라 육지에 대해 잘 모르니 사자를 본 적도 없을 터! 내 협박에 속아 넘어갈 수밖에.'

이렇게 해서 우산국은 신라와 한 나라가 되었답니다. 울릉도와 독도가 우리 땅이 되는 순간이었지요.

독도

우리나라 동해의 울릉도 옆에 있는 작은 섬. '독도는 우리 땅'이라는 노래에 이사부 장군이 나와요. "러일 전쟁 직후에 임자 없는 섬이라고, 억지로 우기면 정말 곤란해. 신라 장군 이사부 지하에서 웃는다. 독도는 우리 땅."

네이버 〈가위 잡고 재미있는 놀이공부〉 카페에서 들을 수 있어요.

나무 사자로 차지한 독도

신라는 원래 '사로국'으로 불렸어요. '마을'이라는 뜻이지요. 그 뒤 사라, 서라벌 등으로 불리다가 503년 지증왕 때 '어진 왕의 현명함이 나날이 새롭게(新, 새 신) 전해진다'는 뜻으로 신라라고 정했어요. 지증왕은 마립간이라고 부르던 지도자의 호칭을 왕으로 바꾸고, 신라의 땅도 크게 넓혔어요. 신라가 이처럼 눈부시게 발전한 데는 이사부의 활약이 컸어요. 우산국만 봐도 그렇지요.

그런데 그때 우리나라에 정말 사자가 있었을까요? 사자는 불교와 함께 다른 나라에서 들어온 동물이에요. 그동안 한 번도 본 적도 없고 들은 적도 없으니 신기하고 무서운 게 당연했지요. 그 점을 교묘하게 이용한 이사부의 꾀로 우산국은 신라 땅이 되었어요. 지금도 일본은 독도가 자기네 땅이라고 우기지만, 512년 이사부가 나무 사자를 배에 싣고 간 순간부터 독도는 우리 대한민국 땅이랍니다.

1. 이사부가 차지한 땅이 아닌 것은 무엇일까요?

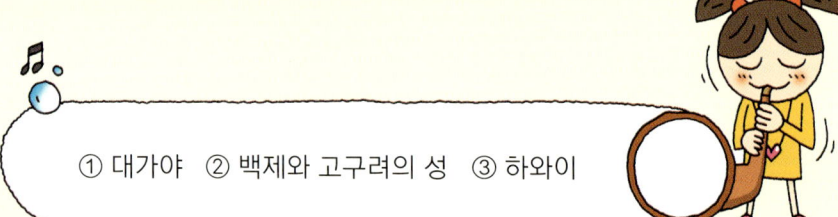

① 대가야   ② 백제와 고구려의 성   ③ 하와이

2. 이사부가 우산국에 싣고 간 것을 찾아보세요.

① 나무 의자   ② 나무 사탕   ③ 나무 사자

신라의 왕, **삼국 통일**을 꿈꾸다!

진흥왕

인물 마당

이름: 진흥왕

직업: 신라의 제24대 왕

한 일: 신라 땅을 크게 넓혀서 삼국 통일의 기반을 닦았지. 일곱 살에 왕이 되는 바람에 처음엔 어머니가 나 대신 정치를 했어. 하지만 열여덟 살 무렵부터는 직접 나라를 다스렸어.

중요하게 한 일?: 훌륭한 인재를 기르기 위해 '화랑도'를 정비했어.

화랑도란?: 신라의 청소년들을 모아 무예와 불교를 가르쳤던 학교야. 태종 무열왕, 사다함, 김유신, 관창 같은 화랑 출신들은 전쟁에서 큰 공을 세웠지. 만약 화랑도가 없었다면 신라의 전성기도 없었을 거야.

종교는?: 불교를 믿었어. 황룡사라는 큰 절을 지어 나라를 위해 기도하고 백성들의 마음을 하나로 모았지.

가장 원하는 건?: 한강! 한강을 차지해야 삼국의 주인이 될 수 있거든.

- 534 **지증왕의 손자**로 태어났어요.
- 540 **신라의 제24대 왕**이 되었어요.
- 545 신라의 역사서 **《국사》를 편찬**했어요.
- 553 **황룡사**를 세웠어요.
- 562 **대가야를 정복**했어요.
- 576 **신라의 전성기**를 열고, 43세의 나이로 세상을 떠났어요.

 # 한강을 얻기 위해서라면 뭐든지 한다!

진흥왕 때 신라와 백제는 동맹을 맺었어요. 동맹이란 뜻을 함께하기로 맹세하는 것을 말해요. 그러던 어느 날, 백제의 성왕이 신라의 진흥왕에게 은밀하게 속삭였어요.

"우리가 힘을 모으면 고구려 앞에서도 끄떡없을 거요. 나와 손잡고 고구려 장수왕이 점령한 한강 상류 지역을 되찾지 않겠소?"

당시 고구려는 중국의 침략과 지배 세력의 다툼으로 혼란스러웠어요. 이 틈을 타서 공격하자는 말에 진흥왕도 고개를 끄덕였지요. 신라와 백제는 힘을 합쳐 한강 상류에서 고구려를 몰아냈어요. 목숨을 건 전투 끝에 신라는 한강 위쪽을, 백제는 한강 아래쪽을 차지했어요.

그러나 진흥왕은 고민에 빠졌어요. 사실 한강 남쪽의 당항성이 탐났는데 백제가 차지했기 때문이에요. 당항성은 서해의 바닷길로 중국과 직접 만날 수 있는 곳이었어요. 신라는 동남쪽에 있어서 중국과 바로 통하지 못하고 늘 백제를 사이에 끼고 만나야 했지요.

'방법은 하나뿐이다. 백제를 쳐서 당항성을 빼앗는 것! 하지만 120년이나 동맹을 맺어 온 백제를 배신해도 될까? 어쩔 수 없어. 지금이 아니면 신라는 영영 한강을 가질 수 없을 거야.'

진흥왕은 백제를 기습 공격했어요.

"이럴 수가, 신라가 우리를 배신하다니!"

백제의 성왕은 크게 분노하여 직접 3만 명의 군사를 이끌고 나섰어요. 한강을 사이에 두고 신라군과 백제군은 관산성에서 치열하게 싸웠어요. 관산성은 지금의 충청북도 옥천군에 있었지요. 두 나라 모두 국경이 만나는 관산성만큼은 절대 빼앗길 수 없었어요.

백제에 맞서 신라에서는 장군 김무력이 나섰어요. 김무력의 활약으로 백제군은 점점 밀려났어요. 결국 성왕은 전쟁터에서 목숨을 잃고 말았어요. 백제의 3만 대군 역시 신라 앞에 무릎을 꿇었지요.

마침내 신라는 한강의 주인이 되었어요. 진흥왕은 강원도 동해안의 영흥만 일대와 고구려 땅인 함흥평야까지 차지했어요. 게다가 남쪽으로 대가야를 정복해 낙동강 유역까지 정복하니 더 이상 부러울 게 없었어요.

'한강을 차지한 나라가 삼국을 통일한다.'고 믿은 진흥왕은 백제를 배신한 것을 결코 후회하지 않았어요.

진흥왕 순수비

진흥왕이 영토 확장을 기념하기 위해 세운 순수비. 순수(巡狩)란 임금이 나라 안을 두루 살피며 돌아다니는 것을 뜻해요. 지금까지 창녕, 북한산, 마운령, 황초령까지 모두 네 곳에서 발견되었어요.

진흥왕의 위대한 업적을 기록하라

<mark>전쟁에서 승리한 뒤 진흥왕은 '단양 적성비'와 '순수비'를 세웠어요.</mark> 신라의 힘과 드넓은 영토를 자랑하고 왕의 업적을 널리 알리기 위해서였지요. 단양 적성비는 고구려 땅이었던 적성을 공격해서 차지한 것을 기리기 위해 세운 비석이에요. 국보 제198호로 순수비보다 먼저 세워졌지요. 충청북도 단양에 있어요.

　진흥왕이 확장한 영토를 직접 돌아다니며 세운 순수비는 현재 네 개가 남아 있어요. <mark>북한산 순수비, 창녕 척경비, 황초령 순수비, 마운령 순수비예요.</mark> 이 중에서 한강 정복을 알리는 북한산 순수비는 국보 제3호로 지정되었어요. 지금도 북한산에 있느냐고요? 중요한 유산인 만큼 소중히 보존하기 위해 국립 중앙 박물관으로 옮겨 보관 중이에요. 대신 진흥왕 순수비가 있던 북한산의 봉우리를 비봉이라고 부른답니다.

1. 진흥왕이 차지한 땅이 아닌 것은 무엇일까요?

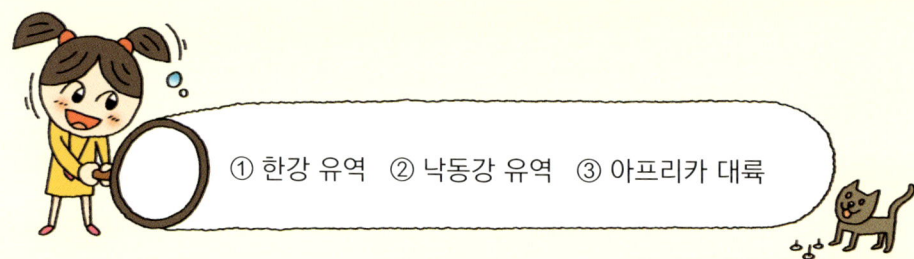

① 한강 유역　② 낙동강 유역　③ 아프리카 대륙

2. 진흥왕의 업적을 기념하기 위해 세운 것끼리 연결한 것을 찾아보세요.

　　① 순수비 - 단양 적성비

　　② 순두부 - 양말 신라 적군비

　　③ 순대비 - 함경도 아바이 순대비

수나라를 무너뜨린 **살수 대첩**의 영웅

을지문덕

인물 마당

이름: 을지문덕

직업: 고구려 영양왕 때의 장군

성격: 싸울 땐 용맹하지만 평소엔 차분해. 글짓기도 좋아하지.

한 일: 수나라 양제가 엄청난 대군을 거느리고 고구려를 침략했어. 지금의 청천강인 살수에서 맞붙은 살수 대첩에서 수나라군을 통쾌하게 무찔렀지!

왜 쳐들어왔지?: 그 무렵 중국은 남쪽과 북쪽으로 나뉘고 여러 나라가 일어나 서로 싸우는 시기였어. 이 시기를 남북조 시대라고 하는데, 수나라가 중국을 통일하더니 고구려까지 넘본 거야. 우리 고구려도 수나라에 맞서 전쟁 준비를 철저히 했지.

어떻게?: 고구려가 1만 군사로 먼저 요서 지방을 공격했어. 그러자 당시 수나라 황제였던 문제도 30만의 군사를 이끌고 나섰지. 문제는 양제의 아버지야. 하지만 적은 수의 우리 고구려가 승리를 거뒀단다!

살수의 독을 터뜨려라!

- **?** — 태어난 해는 정확하게 알 수 없어요.
- **581** — **수나라**가 **중국을 통일**했어요.
- **598** — **고구려의 영양왕**이 요서 지방을 공격했어요.
- **604** — 수나라의 양제가 왕위에 올랐어요.
- **612** — **살수 대첩에서 승리**했어요.
- **?** — 세상을 떠난 해는 정확하게 알 수 없어요.

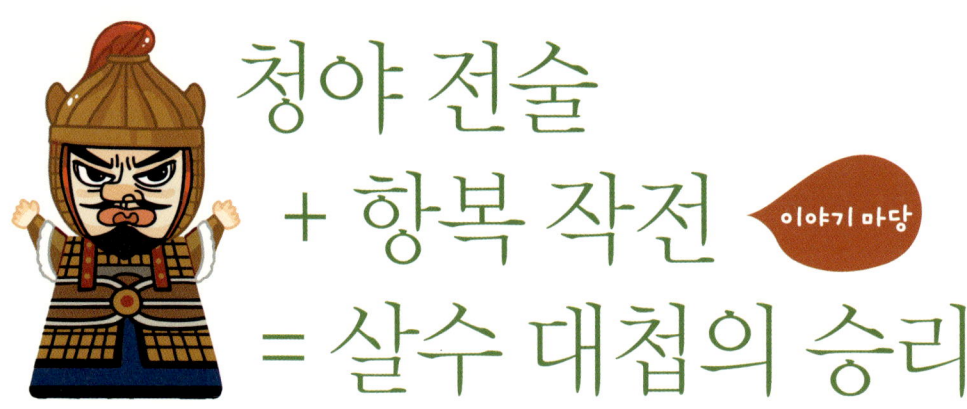

청야 전술 + 항복 작전 = 살수 대첩의 승리

이야기 마당

  을지문덕은 몰려오는 수나라 군대를 바라보았어요. 셀 수 없을 만큼 많은, 무려 113만의 대군이었지요. 그만큼 고구려를 치려는 수나라 양제의 결심 또한 굳건했어요.

"어림없지. 우리 고구려의 털끝 하나도 건드리지 못할 것이다."

  을지문덕은 주먹을 불끈 쥐었어요.

  수나라는 첫 전투지인 요동성에서부터 곤경에 빠졌어요. 몇 달이나 싸웠지만 도저히 성문을 열 수 없었기 때문이에요. 예전부터 고구려는 외적이 쳐들어오면 들판의 곡식을 죄다 불태워 적들이 빼앗지 못하게 했어요. 그러고는 성에 들어가 문을 걸어 잠그고 끈질기게 버텼지요. 이것이 바로 '청야 작전'이에요. 겨울이라 날씨는 추워지는데 식량까지 떨어지자 수나라 군사는 점점 지쳐 갔어요.

"이러다 군사들이 전부 얼어 죽거나 굶어 죽겠구나. 다른 방법을 찾아야겠다."

  수나라 양제는 곧장 고구려의 수도 평양성을 치기로 작전을 바꾸었어요.

  이를 눈치챈 을지문덕 역시 새 작전을 세웠지요. 거짓으로 항복하는 척하고 수나라 장수 우중문을 찾아간 거예요. 적진의 분위기를 살피기 위해서였어요.

"고구려의 항복을 전하러 왔소."

우중문은 을지문덕을 죽이려다가, 항복하러 왔다고 하니 일단 되돌려 보냈어요. 무사히 돌아온 을지문덕은 시를 한 편 지어 보냈어요.

> 신기한 그대의 작전은 하늘에 닿았고, 오묘한 꾀는 땅의 이치를 꿰뚫었다.
> 전쟁에서 승리한 공이 이미 높으니, 만족하고 이제 그만두는 게 어떠한가.

사실 이것은 을지문덕의 경고였어요. '우중문이 뛰어난 장수라는 건 세상이 다 아니, 망신당하기 싫거든 돌아가라'는 뜻이었지요. 우중문은 군사들이 지쳐 이기지 못할 것을 알고 후퇴하기로 했어요. 그러나 그때는 이미 을지문덕이 수나라군이 돌아가는 길목에 있는 살수의 물길을 둑으로 막은 뒤였어요.

"물이 얕아서 충분히 건널 수 있겠군."

수나라 군사들이 허둥지둥 물로 뛰어든 순간, 고구려 군사들이 흙과 돌로 쌓은 살수의 둑을 터트렸어요. 거센 강물에 수나라 군사들은 힘없이 휩쓸렸어요. 30만 명 중 살아 돌아간 수는 3,000명도 되지 않았어요. 이 전투가 바로 을지문덕이 완벽하게 승리로 이끈 살수 대첩이에요.

우리나라 3대 대첩

살수 대첩(612년): 을지문덕 장군이 수나라 30만 대군을 살수에서 몰살한 전투예요. 《체험! 가위 잡고 한국사》 1권에 있어요.

귀주 대첩(1019년): 강감찬 장군이 귀주에서 거란군 10만 대군을 기습하여 물리친 전투예요. 2권에 있어요.

한산도 대첩(1592년): 임진왜란 때 이순신 장군이 한산도 앞바다에서 왜군과 싸워 크게 이긴 전투예요. 3권에 있어요.

고구려의 전성기를 이끈 영양왕

살수 대첩의 영웅으로 대부분 을지문덕을 떠올리지요. 그러나 당시 고구려 임금이었던 제26대 영양왕 역시 수나라의 침략을 네 차례나 물리친 담대하고 지혜로운 왕이었어요. 영양왕이 왕위에 오른 590년, 당시 고구려와 중국의 남조와 북조, 북방의 유연과 돌궐 등은 서로 경계하고 있었어요. 수나라가 중국을 통일하자, 고구려는 수나라의 적이 될지 신하가 될지 결정해야 했지요.

영양왕은 당당히 맞서 싸우기로 했어요. 군사를 훈련하고 식량을 준비하며 전쟁에 대비했지요. 수나라가 따를 것을 명령하자, 오히려 먼저 공격해 무찔렀어요. 영양왕은 고구려의 역사서인 《신집》을 편찬하여 자부심을 널리 드러내고, 왜와 친하게 지내며 힘을 키웠지요. 을지문덕과 함께 영원히 기억될 살수 대첩의 영웅이랍니다.

1. 을지문덕의 작전을 세 가지 찾아보세요.

    ① 들판의 곡식을 다 태운 청야 전술

    ② 가짜로 항복하는 척하기

    ③ 나무 사자를 가져가 풀겠다고 속이기

    ④ 살수의 둑을 터트려 수나라 군사들을 쓸어 버리기

2. 을지문덕의 이름을 딴 서울의 지명은 무엇일까요?

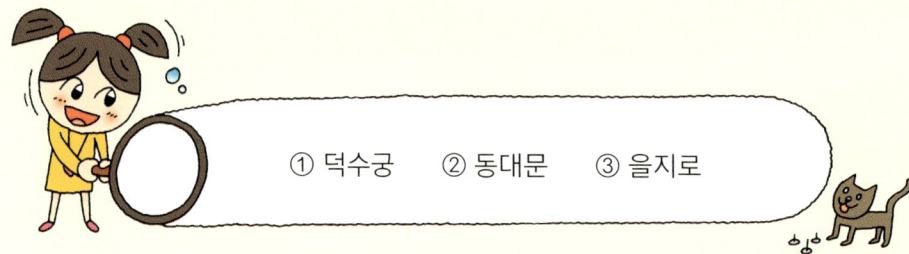

① 덕수궁   ② 동대문   ③ 을지로

지혜롭게 위기를 극복한 신라 **최초의 여왕**

선덕 여왕

인물 마당

이름: 김덕만. 왕명은 선덕 여왕

직업: 신라 최초의 여왕. 제27대 왕으로 16년간 나라를 다스렸어.

가족 관계: 아버지 진평왕, 사촌 동생 진덕 여왕

우리나라에도 여왕이?: 나, 진덕 여왕, 진성 여왕까지 모두 세 명이야.

왜 신라에만?: '골품제'라는 신분 제도 때문이야. 성골 신분만 왕이 될 수 있었거든. 그래서 성골 남자가 없어서 여자인 내가 왕이 되었지.

골품제란?: 신라는 왕족, 귀족, 평민, 노비로 신분이 나뉘었어. 귀족도 등급이 나뉘었고. 부모가 둘 다 왕족이면 성골, 한 명만 왕족이면 진골이었지.

한 일: 여자가 왕이 되자 귀족들은 불만이 많았어. 나는 왕의 힘을 보여 주기 위해 황룡사에 높은 탑을 세웠지. 첨성대를 지어 하늘의 별자리를 살펴서 백성들의 농사도 도왔어. 나는 어질게 나라를 다스리며 지혜로 어려움을 극복했단다.

- **?** 　**진평왕의 첫째 딸**로 태어났어요.
- **632** **신라 최초의 여왕**이 되었어요.
- **640** 귀족의 자제들을 **당나라로 유학** 보냈어요.
- **642** **백제 의자왕의 공격**으로 영토를 잃었어요.
- **645** **황룡사 9층 목탑**을 세웠어요.
- **647** 세상을 떠났어요.

신비로운 세 가지 예언

이야기 마당

"여자가 왕이라니, 이게 말이 되나!"

신하들은 뒤에서 몰래 쑥덕거렸어요. 아무리 골품제 때문이라도 여왕을 받아들이기는 싫었거든요. 그러나 선덕 여왕은 슬기롭게 위기를 극복해 나갔어요.

어느 날, 당나라 태종이 모란을 그린 그림과 씨앗을 신라에 보내 왔어요. 신라 사람들은 처음 보는 꽃이었지요. 당시 당나라는 신라가 여왕을 세운 것을 비웃었어요. 선물을 보낸 것은 여왕을 인정한다는 뜻이었을까요? 그러나 선덕 여왕은 고개를 내저었어요.

"당나라에서 나를 놀리는구나. 이 꽃에는 반드시 향기가 없을 것이다."

씨앗을 심어 나중에 꽃이 피었는데, 정말로 향기가 나지 않았어요.

"그림에 벌과 나비가 없으니, 이는 내가 결혼하지 않고 혼자인 것을 향기 없는 꽃에 빗댄 것이다."

신하들은 그림만 보고도 당나라의 속셈을 꿰뚫은 여왕에게 크게 감탄했어요.

어느 겨울에는 이런 일도 있었어요. 궁성 서쪽에 있는 절 영묘사에 우물이 하나 있었는데, 갑자기 개구리 떼가 몰려들었어요. 개구리들은 사나흘이 넘도록 떠나지 않고 개굴개굴 울어 댔지요. 그 모습을 보고 선덕 여왕이 다급하게 명령했어요.

"화가 난 개구리는 군사들을 의미하고, 우물가의 흰 빛은 서쪽을 뜻한다. 여봐라, 당장 2,000명의 군사와 함께 서쪽 계곡으로 가라. 적들이 숨어 있을 것이다!"

선덕 여왕의 말대로 골짜기에는 백제군 500명이 숨어 있었어요. 신라군은 손쉽게 적을 사로잡았어요.

이처럼 지혜롭게 위기를 넘기며 신라를 발전시킨 선덕 여왕은 어느 날 자신의 생명이 다했음을 헤아렸어요. 신하들에게 자신은 몇 월 며칠에 죽을 것이니 도리천에 장사를 지내라고 일렀어요. 신하들이 그곳이 어디냐고 묻자 낭산의 남쪽이라고 했어요. 낭산은 지금의 경주에 있는 산이에요. 선덕 여왕은 자신이 말한 날짜에 세상을 떠났어요. 신하들은 그곳에 무덤을 만들었어요.

그 후 10여 년이 흘렀어요. 제30대 문무왕이 선덕 여왕의 무덤 아래에 절을 세웠어요.

"여왕님은 무덤 밑에 절이 생길 거라는 것도 아셨을까? 참 놀라운 분이야."

신하들은 선덕 여왕의 현명함에 절로 고개를 숙였답니다.

*주: 《삼국사기》에 실린 이 이야기들은 여자라서 인정받기 어려웠던 선덕 여왕의 뛰어남을 널리 알리기 위해 전해져요.

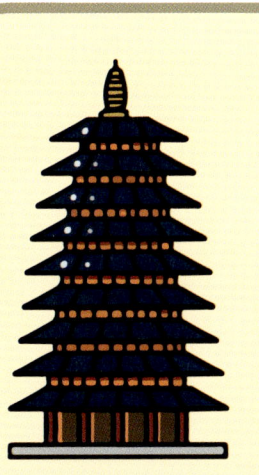

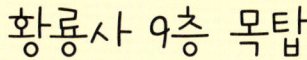

황룡사 9층 목탑

선덕 여왕이 불교의 힘으로 신라를 튼튼히 하기 위해 세운 탑. 나무로 만든 9층짜리 탑이에요. 약 80미터의 웅장한 높이를 자랑했으나, 몽골의 침입으로 불타 없어지고 현재는 터만 남아 있어요.

신라의 수도, 경주로 떠나요

경주에 가 본 적이 있나요? 경주에는 신라 천 년의 역사가 담겨 있어요. 경주는 낙동강 동쪽에서 육지로 오가기 편한 교통의 중심지였어요. 주변의 다른 지역으로 오가는 길이 이리저리 뚫려 있어 신라의 수도로 딱 어울렸지요.

법흥왕 때 불교를 받아들인 신라에서는 절과 불탑도 많이 지었어요. 불교는 백성들의 마음을 한데 모으기에도 좋고, 왕의 힘을 보여 주기에도 알맞은 종교였거든요. 경주에도 절과 불탑이 많이 남아 있어요. 선덕 여왕이 세운 황룡사 9층 목탑도 경주에 있어요. 황룡사 9층 목탑의 높이는 약 80미터로 아파트 27층 높이와 비슷해요.

경주에는 동양에서 가장 오래된 천문대인 첨성대도 있어요. 마찬가지로 선덕 여왕이 만들었지요. 360여 개의 돌로 27단을 쌓아 하늘의 별을 살폈어요.

1. 선덕 여왕이 왕이 될 수 있었던 이유는 무엇일까요?

   ① 골품제라는 신분 제도가 중요한 사회라서

   ② 골프 대회에서 1등을 해서

   ③ 신라에서는 남자와 여자가 평등해서

2. 선덕 여왕이 경주에 세운 건축물끼리 이어진 것을 찾아보세요.

   ① 황당사 7층 석탑 - 서울대

   ② 황룡사 9층 목탑 - 첨성대

   ③ 황달사 100층 타워 - 낙성대

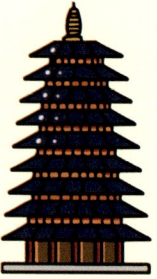

삼국 통일의 기반을 닦은 태종 무열왕
김춘추

인물 마당

이름: 김춘추

가족 관계: 제25대 진지왕이 할아버지, 어머니는 제26대 진평왕의 딸 천명 부인 그리고 김유신의 여동생 문희가 부인이야.

직업: 신라 제29대 태종 무열왕. 부모 중 한쪽만 왕족인 진골 출신으로는 최초로 왕위에 올랐지.

어떻게 해서?: 선덕 여왕의 뒤를 이은 진덕 여왕도 자식이 없어서 성골이 더 이상 남아 있지 않았어. 진골 중에서는 화랑과 외교관으로 이름을 떨치던 내가 왕의 자리에 가장 가까웠지.

한 일: 늦은 나이에 왕이 된 만큼 열심히 일했어. 당나라와 손잡고 백제를 멸망시켰지. 비록 직접 삼국 통일을 하지는 못했지만 기초는 내가 다 닦았어.

자랑: 신라 왕실에서는 유일하게 '태종'이라는 묘호를 받았어. 묘호란 세상을 떠난 뒤 제사를 지낼 때 쓰는 호인데, 덕이 높은 왕에게만 붙여 주는 거야.

- **604** 제25대 진지왕의 손자로 태어났어요.
- **648** 당나라에 건너가 외교 관계를 맺었어요.
- **654** 진덕 여왕의 뒤를 이어 51세에 왕이 되었어요.
- **659** 백제와 맞서기 위해 당나라에 도움을 청했어요.
- **660** 황산벌에서 전투를 벌여 백제를 멸망시켰어요.
- **661** 58세의 나이로 세상을 떠났어요.

반드시 내 손으로 백제를 무너뜨리겠다!

이야기 마당

"내 딸과 사위가 죽었다고? 이럴 수가!"

김춘추는 큰 충격에 휩싸였어요. 백제가 신라의 대야성을 공격해 사위와 딸을 죽였다는 소식을 들었거든요. 사위 김품석은 대야성의 성주였어요. 김춘추는 피눈물을 삼키며 복수를 다짐했어요.

김춘추는 백제를 치기 위해 고구려로 군사를 청하러 떠났어요. 그러나 고구려에서는 조건을 내걸었어요.

"진흥왕 때 신라가 빼앗아 간 한강 위쪽의 땅을 돌려준다면 도와주겠소."

고구려 보장왕의 요구에 김춘추는 고개를 저었어요.

"안 됩니다. 나라의 땅을 어찌 신하 마음대로 할 수 있겠습니까?"

김춘추는 그길로 감옥에 갇히는 신세가 되었어요. 그때 선도해라는 사람이 〈별주부전〉 이야기를 들려주었어요. 자라가 용왕의 병을 고치려고 토끼를 잡아갔으나, 토끼가 육지에 간을 두고 왔다고 거짓말해 목숨을 구한 이야기였지요. 이 위기에서 벗어나려면 토끼처럼 꾀를 내야 했어요. 김춘추는 보장왕을 왕위에 올린 고구려 신하 연개소문에게 거짓말을 했어요.

"한강 위쪽은 원래 고구려의 땅이 맞습니다. 신라로 가면 임금께 꼭 돌려드리라 아뢰겠습니다."

간신히 신라로 되돌아온 김춘추는 다시 일본으로 떠났어요. 그러나 일본도 백제와 더 가까워 이번에도 뜻을 이루지 못했어요. 김춘추는 포기하지 않고 또다시 당나라로 갔어요. 다행히 당나라의 태종은 백제를 칠 때 도와주겠다고 약속했어요. 신라로 돌아온 김춘추는 김유신과 함께 차근차근 백제를 칠 준비를 해 나갔어요.

진덕 여왕이 죽자 김춘추가 뒤를 이어 왕위에 올랐어요. 백제와 고구려가 신라를 공격하자 김춘추는 당나라에 군사를 요청했어요. 당나라에서 13만 대군이 온다는 소식이 들려왔어요.

마침내 때가 왔다고 생각한 김춘추는 김유신에게 군사 5만 명을 거느리고 백제를 치라고 명령했어요. 백제군은 황산벌에서 맹렬하게 저항했지만, 신라의 화랑들에게 길을 열 수밖에 없었어요. 신라군은 당나라 군사들과 함께 사비성으로 달려가 백제를 멸망시켰어요. 김춘추의 딸과 사위가 세상을 떠난 지 18년 만의 일이었어요.

나·당 연합

신라와 당나라의 연합.
김춘추가 백제를 멸망시키기 위해 당나라에 군사 지원을 요청해 두 나라가 손잡은 것을 말해요. 신라의 '라'와 당나라의 '당'을 합친 말인데, 신라의 '라'가 맨 앞으로 오면서 발음하기 쉽게 '나'가 되었지요.

맞다? 틀리다? 김춘추에 대한 두 가지 판단

김춘추는 신라의 힘만으로는 백제를 칠 수 없다고 여겨 다른 나라에 도움을 청했어요. 이 행동이 옳은지에 대한 토론은 지금도 이어지고 있어요. 김춘추를 최고의 외교관으로 보는 의견도 있지만, 우리나라 문제에 다른 나라를 끌어들였다는 비판도 만만치 않아요.

당나라 태종은 "삼국 통일을 이루면 평양 이남의 백제 땅은 신라에게 주겠다."라고 했어요. 이 말은 곧 고구려 땅은 당나라가 갖겠다는 뜻이었지요. 신라를 도와주는 척했지만 속으로는 고구려 땅을 탐냈던 거예요. 황산벌 전투 때도 군사를 빨리 보내 주지 않아 신라를 애먹이기도 했어요.

훗날 문무왕이 삼국을 통일한 뒤, 고구려 땅은 끝내 당나라에 넘어가고 말았어요. 힘이 약한 신라에게는 다른 나라의 힘을 빌리는 것이 어쩔 수 없는 선택이었지만, 아쉬움이 남는 건 사실이에요.

1. 백제를 무너뜨리기 위한 김춘추의 노력이 아닌 것은 무엇인가요?

   ① 백제 왕과 누가 이기나 내기를 했어요.

   ② 고구려에 군사를 청하러 갔다가 감옥에 갇혔어요.

   ③ 당나라 태종에게 자존심을 굽히며 도움을 청했어요.

2. 내가 신라의 왕이었다면 어떻게 통일을 이뤘을지 써 보세요.

   ① 지오: 화랑의 힘을 키워서 우리 힘만으로 싸울 거야.

   ② 현서: 고구려에 선물을 줘서 우리 편으로 만들 거야.

   ③ 주승: 모두 전쟁을 그만두고 평화롭게 지내자고 설득할 거야.

   ④ 나: _____

신라를 통일로 이끈 주인공
김유신

인물 마당

이름: 김유신

직업: 신라의 장군. 백제, 고구려와 싸워 이기며 신라의 힘을 키웠지.

가족 관계: 금관가야의 시조인 수로왕이 내 조상이야. 백제와 싸웠던 관산성 전투를 승리로 이끈 김무력 장군이 할아버지이고.

기억에 남는 전투?: 629년의 고구려 낭비성 전투야. 나 혼자 적진으로 뛰어들어 고구려 장수의 목을 베었지. 이 일로 유명해졌지만 사실은 초조했어.

왜?: 우리 가문은 가야 출신이라 힘이 약했거든. 고민 끝에 꾀를 냈지.

무슨 꾀?: 바로 신라 왕실 가문과 친척이 되는 것!

어떻게?: 나는 김춘추를 훗날 왕이 될 인물로 여겼어. 그래서 여동생 문희와 결혼시키려고 작전을 짰지. 김춘추를 집으로 불러서 공차기를 하다가 일부러 옷고름을 밟아 떨어뜨렸어. 그런 다음 문희를 불러 옷고름을 달아 주라고 시켰지.

결과는?: 대성공! 김춘추는 왕이 되었고, 나는 그를 도와 삼국 통일을 이루었지.

- **595** 김서현 장군의 아들로 태어났어요.
- **609** **화랑으로 활동**했어요.
- **647** '비담의 난'을 슬기롭게 해결했어요.
- **660** **황산벌에서 백제군과 전투** 끝에 승리했어요.
- **668** 당나라와 손잡고 **평양성 전투**에서 이겨 고구려를 물리쳤어요.
- **673** **삼국을 통일**하고 79세에 세상을 떠났어요.

평생에 걸쳐 꿈을 이루다
이야기 마당

선덕 여왕이 왕이 된 후 신라는 조용할 날이 없었어요. 여자가 왕이라는 사실에 불만을 품은 신하들이 많았거든요. 게다가 백제의 공격이 계속되어 백성들도 살기 힘들었어요. 그 모습을 본 신하 비담은 생각했어요.

'이대로 가다가는 신라의 앞날이 어둡다. 차라리 여왕을 쫓아내고 내가 왕이 되면 어떨까?'

비담은 마침내 난을 일으켰어요. 비담을 따르는 자들과 여왕을 지키는 군사들 사이에는 좀처럼 승패가 나지 않았어요. 그러자 비담은 꾀를 냈어요. 한밤중에 연을 들고 궁궐 지붕 위로 올라가 불을 붙인 뒤 땅으로 내던졌지요.

"앗, 별이 떨어졌어! 큰일이다!"

점점 사라지는 불빛을 본 사람들이 비명을 질렀어요.

"별똥별은 나쁜 징조인데. 역시 여자가 왕위에 오르면 안 된다는 하늘의 계시인가…."

백성들 사이에 흉흉한 소문이 퍼졌어요. 이번에는 김유신이 꾀를 내어 비담과 반대로 했어요. 깊은 밤, 연을 들고 궁궐 지붕으로 올라가 불을 붙여 하늘로 띄워 올린 거예요.

"와, 별이 다시 올라간다! 하늘이 우리를 버리지 않았어."

김유신은 이렇게 지혜롭게 백성들의 마음을 돌려 비담의 난을 끝냈어요.

선덕 여왕이 세상을 떠난 뒤에도 김유신은 김춘추와 함께 진덕 여왕을 보살피며 나라의 힘을 키웠어요. 진덕 여왕이 죽자 뒤를 이어 김춘추가 왕위에 오르고, 김유신도 신라에서 가장 높은 벼슬인 상대등의 자리에 올랐지요.

김춘추가 세상을 떠난 뒤에도 김유신은 삼국 통일의 꿈을 버리지 않았어요. 어느 날, 김춘추의 아들 문무왕이 김유신을 불렀어요.

"장군, 황산벌에서 백제를 친 것처럼 고구려도 무너뜨려 주시오."

왕의 명령에 따라 김유신은 고구려를 공격했어요. 하지만 연개소문이 이끄는 고구려 역시 팽팽하게 맞섰지요. 그러던 중 마침내 기회가 왔어요. 연개소문이 죽자 아들들 사이에 싸움이 난 거예요. 신라는 그 틈을 타서 공격을 퍼부었어요. 평양성을 빼앗긴 고구려는 힘없이 무너졌어요.

당시 김유신의 나이 74세였어요. 삼국 통일이라는 오랜 꿈이 드디어 이루어진 거예요.

김유신이 태어난 집

신라가 삼국 통일을 이루는 데 중요한 역할을 한 김유신이 태어난 터에 다시 지은 집. 김유신이 태어난 곳은 신라의 수도 경주가 아니었어요. 충청북도 진천군에서 태어났지요.

꽃보다 아름다운 남자, 화랑도

화랑도의 '화'는 '꽃 화(花)', '랑'은 '사내 랑(郞)', 도는 '무리 도(徒)'예요. '꽃처럼 아름다운 남성의 무리'라는 뜻이에요. 화랑이 낭도 무리를 이끄는 형태였지요. 전쟁과 관직에 나가 가문의 명예를 높이려는 신라의 귀족 청소년이라면 누구나 화랑이 되고 싶어 했어요. 하지만 아무나 화랑이 될 수는 없었어요. 열다섯 살에서 열여덟 살 사이의 남자이면서 진골 귀족이어야 했거든요.

화랑이 되면 전국을 여행하며 몸과 마음을 갈고닦았어요. 무술뿐 아니라 올바른 정신을 갖는 게 중요하다고 여겼기 때문이에요.

또한, 화랑이라면 '세속 5계'를 실천해야 했어요. 첫째는 임금님께 충성하자, 둘째는 부모님께 효도하자, 셋째는 믿음으로 친구를 사귀자, 넷째는 생명을 함부로 죽이지 말자, 다섯째는 일단 전쟁에 임하면 물러서지 말자는 것이었지요. 화랑들은 세속 5계를 실천하며, 전쟁에 나가서는 신라를 지키기 위해 목숨을 바쳐 싸웠답니다.

1. 김유신에 대한 설명으로 틀린 것을 찾아보세요.

   ① 가야 왕족 출신

   ② 가나 왕자 출신

   ③ 화랑 출신

2. 김유신은 진 적이 없는 장군으로도 유명해요. 다음 중 김유신이 치른 전투가 아닌 것은 무엇일까요?

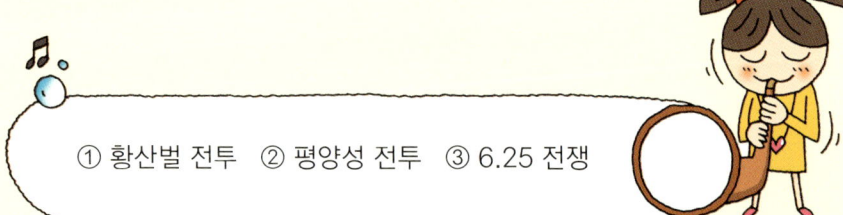

① 황산벌 전투   ② 평양성 전투   ③ 6.25 전쟁

백제의 최후를 지킨 **마지막 장군**

계백

인물 마당

이름: 계백

직업: 백제의 장군

별명: 황산벌의 영웅. 겨우 5,000의 병사로 5만이 넘는 신라군과 싸워 네 번이나 이겼거든.

신라와 당나라가 힘을 모을 때 백제는 뭘 했는지?: 의자왕은 아무 준비 없이 놀고먹기만 했어. 그런데 김유신이 신라군 5만 명을 이끌고 백제로 진격해 왔지. 당나라의 소정방이 이끄는 13만 대군도 배를 타고 몰려왔고. 그제야 의자왕은 황급히 나에게 명령을 내렸어.

어떤 명령?: 김유신을 막으라는 거지 뭐겠어. 내게는 단 5,000명의 군사만이 주어졌지. 전쟁터로 떠나기 전 나는 내 손으로 가족들을 죽였어.

어째서?: 포로로 잡히느니 차라리 죽는 게 낫다고 생각했거든. 그리고 나 역시 목숨을 버릴 각오로 황산벌 전투에 나섰어. 그만큼 각오를 단단히 한 거야.

? ○ 태어난 해는 정확하게 알 수 없어요.

660 ○ **김유신**과 맞서 **황산벌 전투**에서 싸우다 목숨을 잃었어요.

백제가 무너지는 순간을 함께한 계백은 훗날 '나라와 더불어 죽은 자'로 기억되었어요.

백제의 계백과 신라의 관창

이야기 마당

계백 장군은 시퍼런 칼을 빼 들었어요. 그리고 백제 군사들을 향해 외쳤어요.

"옛날 중국 월나라의 왕 구천 이야기를 해 주겠다. 그는 5,000의 군사로 오나라의 70만 대군을 무찔렀다. 오늘 우리가 용감하게 싸우면, 신라의 5만 군사쯤은 문제없다. 모두 목숨 바쳐 백제를 위해 싸우자!"

"와아아!"

백제 군사들은 목이 터져라 함성을 질렀어요. 자기 손으로 가족까지 죽이고 전투에 나서는 장군의 마음을 헤아리니, 군사들도 피가 끓었어요. 백제군의 수는 적었지만, 충성심만은 신라에 결코 밀리지 않았어요.

신라군은 세 편으로 나누어 네 번이나 백제를 공격했지만, 계백은 매번 신라군을 무찔렀어요.

"도저히 못 이기겠어. 신라로 돌아가고 싶다."

군사들이 점차 기운을 잃는 걸 눈치챈 신라 장군 김품일은 큰 결심을 했어요. 신라군의 기운을 북돋우기 위해 아들인 관창을 앞세우기로 한 거예요. 화랑이었던 관창은 열여섯 살의 소년이었어요. 관창은 아버지의 뜻을 따라 죽을 각오로 혼자 적진으로 향했어요.

"저 소년은 누구냐? 잡아 와라."

계백의 명령에 홀로 용감하게 싸우던 관창은 백제군에게 붙잡혔어요. 적진에 끌려와서도 두려워하지 않았지요.

"나는 신라의 명예로운 화랑이다. 포로로 삼을 거라면 차라리 목을 베어라!"

관창은 오히려 가슴을 펴고 당당히 소리쳤어요.

"비록 나이는 어리지만 용맹하기 그지없구나. 죽이긴 아까우니 살려서 보내 주어라."

계백은 관창을 놓아주었어요. 그러나 관창은 다시 뛰어들었어요. 아무리 되돌려보내도 포기하지 않았지요.

"신라에 저렇게 용감한 소년이 있으니 백제는 이미 진 것이나 다름없구나."

계백은 침통한 마음으로 관창의 목숨을 빼앗았어요.

되돌아온 관창의 시체를 본 신라군은 크게 분노했어요. 관창의 복수를 위해서라도 백제에게 질 수는 없었지요. 다시 일어난 신라군의 기세에 눌려 계백 장군은 마침내 무릎을 꿇고 말았어요. 700년 역사를 쌓아 올린 백제의 최후였어요.

백제 역사 문화관

찬란한 백제의 역사와 문화, 생활 모습을 소개하는 공립 박물관.
백제 시대의 중요한 유적과 역사적 사실을 축소 모형이나 그래픽 또는 영상으로 보여주는 곳이에요. 충청남도 부여군에 있어요.

백제의 마지막 임금, 의자왕

계백이 끝까지 지키고자 했던 백제의 마지막 왕은 의자왕이에요. 제30대 무왕의 맏아들이지요. 어릴 때부터 영리하고 용감해 이름이 높았어요. 또한, 부모에게 효도하는 걸 가장 중요하게 여겼어요.

왕위에 오르자 의자왕은 백제의 힘을 키우려고 노력했어요. 멸망하기 5년 전까지만 해도 신라를 공격하여 30여 개의 성을 빼앗을 만큼 용맹했어요. 나라도 잘 다스려 백성들의 사랑을 한몸에 받았지요.

하지만 신라를 이겼다고 생각한 의자왕은 곧 사치스러운 놀이에 푹 빠졌어요. 이제 나라 안팎이 안정되어서 마음이 놓여서였을까요? 전쟁에 대비하라는 말에는 귀를 기울이지 않았지요. 믿었던 계백마저 전사하고 당나라 군사까지 사비성으로 들이닥치자 의자왕은 서둘러 웅진성으로 달아났어요. 하지만 곧 붙잡히고 말았어요. 당나라로 끌려간 의자왕은 병들어 세상을 떠났답니다.

1. 계백이 황산벌 전투에 나가기 전, 마지막으로 한 일은 무엇일까요?

    ① 유서를 썼다.

    ② 가장 좋아하는 음식을 먹었다.

    ③ 사랑하는 가족의 목숨을 거두었다.

2. 계백과 맞서 홀로 당당히 싸운 화랑을 찾아보세요.

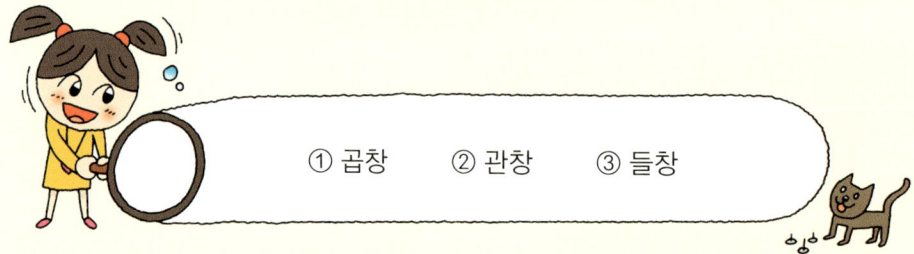

① 곱창   ② 관창   ③ 들창

해골에 담긴 물을 마신 신라의 승려

원효

인물 마당

이름: 원효. '불교를 새로이 빛나게 한다'는 뜻이지.

직업: 신라에 불교를 널리 퍼뜨린 승려

어떤 성격?: 나는 자유롭게 살았어. 시장의 허름한 술집에서 스스럼없이 사람들과 어울리는 걸 좋아했지.

가족 관계: 아내는 태종 무열왕의 둘째 딸인 요석 공주. 아들은 신라의 학자인 설총이야.

승려가 결혼을?: 세상을 떠돌며 불교를 전할 때의 일이야. 나는 '누가 자루를 뺀 도끼를 빌려주면, 하늘을 받칠 기둥을 깎겠다'고 노래를 부르고 다녔지. 태종 무열왕은 그 노래를 '원효가 부인을 얻어 아들을 낳겠다'는 뜻으로 여겼어. 그래서 남편을 잃은 요석 공주와 날 맺어 주신 거야.

결혼 후에는?: 승려를 그만두고 백성들에게 불교를 널리 알렸지.

- **617** 경상북도 압량군에서 태어났어요.
- **648** **황룡사**에서 **불경**을 연구했어요.
- **650** **의상과** 함께 **당나라**로 유학을 떠났으나 고구려군에게 붙잡혀 돌아왔어요.
- **661** 다시 당나라로 가다가 밤에 **해골 물**을 마시고 **깨달음**을 얻었어요. 그 후 전국을 돌며 백성들에게 불법을 전했어요.
- **686** 70세의 나이로 세상을 떠났어요.

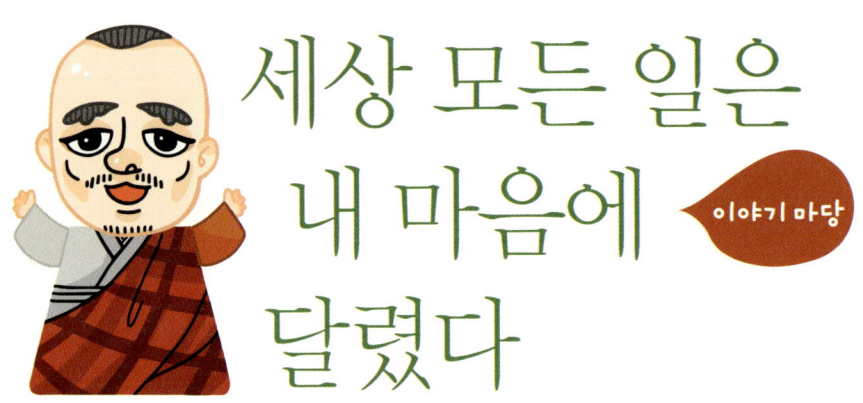

세상 모든 일은 내 마음에 달렸다

이야기 마당

"아이고, 다리야. 스님, 잠시만 쉬어 가요."
"저 고개만 넘으면 요동 지방이오. 조금만 더 힘냅시다."
원효와 의상은 지친 몸을 이끌고 발걸음을 옮겼어요.
"당나라로 유학을 떠나 새로운 불교를 배워 옵시다."
두 사람은 설레는 가슴을 안고 고구려 국경선을 넘었어요. 그러나 기쁨도 잠시였어요. 뒤에서 고구려 군사들이 쫓아왔거든요.
"첩자다! 잡아라!"
원효와 의상은 억울하게 첩자로 몰리는 바람에 신라로 되돌아와야 했어요.
"이대로 포기할 순 없지요. 다시 도전합시다."
두 사람은 두 번째로 유학길을 떠났어요. 이번에는 배를 타고 갈 생각이었어요. 그런데 서해안 포구로 가는 길에 또다시 위기가 닥쳤어요. 엄청난 폭우가 쏟아진 거예요. 비는 좀처럼 그칠 것 같지 않았어요.
"저기 동굴에서라도 하룻밤 비를 피하는 게 좋겠소."
원효와 의상은 동굴 안에서 웅크리고 잠이 들었어요. 너무나 피곤한 나머지 단

잠에 빠졌지요. 얼마나 잤을까, 원효는 한밤중에 문득 목이 말라 잠에서 깼어요. 어둠 속에서 머리맡을 더듬으니 다행히도 둥그런 물바가지가 놓여 있었어요. 바가지에 든 물은 정말 시원했어요. 원효는 다시 잠이 들었어요.

"웩!"

다음 날 아침, 의상은 원효의 구역질 소리에 깜짝 놀라 눈을 떴어요. 무슨 일이냐고 묻자, 원효는 해골을 가리켰어요. 지난밤에 그 안에 담긴 물을 마셨다는 것이었어요. 날이 밝은 후에야 해골에 담긴 썩은 물이란 것을 알고 속이 뒤집혔던 거예요.

한참을 토하던 원효는 문득 무릎을 탁! 쳤어요. 깨달음을 얻은 거예요.

"썩은 물인 줄 몰랐을 땐 꿀처럼 달았는데…. 그래, 세상의 모든 일은 마음먹기에 달렸구나!"

원효는 당나라로 가지 않기로 했어요. 진리는 자기 마음속에 있다는 것을 깨달았기 때문이에요.

신라로 돌아온 원효는 백성들에게 불교의 한 종파인 정토종을 널리 알렸어요. 백성들 속에 섞여 여러 가지 일을 하며 자유롭게 살아갔지요.

정토종

부처를 믿어서 극락정토에 태어나기를 바라는 불교의 한 종파.
원효는 "나무아미타불만 외우면 누구나 극락에서 새로 태어날 수 있다."라며 정토종을 일반 백성들에게 널리 알렸어요.

원효와 함께한 의상은 누구일까?

의상은 신라의 귀족인 진골 출신이었어요. 벼슬에 올라 떵떵거리며 살 수도 있었지요. 그러나 의상은 승려의 길을 선택했어요. 원효와 헤어진 뒤, 의상은 당나라로 가서 10년 동안 새로운 불교를 공부했어요. 그러고는 신라에 돌아와서 해동 화엄종을 만들었지요. '이 세상 모두가 부처 앞에 평등하다'는 생각을 널리 퍼뜨렸어요. 부석사와 낙산사 같은 절을 짓고 제자를 키우며 신라의 불교를 발전시켰지요.

원효가 백성들의 삶에 파고들어 불교를 전했다면, 의상은 제자와 교단을 꾸려서 불교를 전했어요. 두 사람은 성격도 다르고 나이도 원효가 여덟 살이나 많았지만, 친구처럼 지냈어요. 서로를 아끼며 존경했지요. 이들 덕분에 신라의 불교는 세계적인 수준으로 발전할 수 있었답니다.

1. 원효가 한 엉뚱한 행동이 아닌 것은 무엇일까요?

    ① 공주님과 결혼하기

    ② 해골 물 마시기

    ③ 불교 학교를 세우고 제자들을 가르치기

2. 원효가 해골 물을 마시고 얻은 깨달음을 찾아보세요.

    ① 세상 모든 일은 마음먹기에 달렸다.

    ② 해골 물은 밤에 먹어야 제맛이다.

    ③ 해골이 움푹해서 다행히 물이 담겨 있었다.

바다의 용이 되어 신라를 지키다!

문무왕

인물 마당

이름: 문무왕

직업: 신라 제30대 왕

가족 관계: 태종 무열왕인 김춘추가 아버지야. 어머니 문명 왕후는 김유신의 여동생이지.

한 일: 김유신과 함께 백제와 고구려를 멸망시키고 삼국 통일을 이룩했어.

통일 후엔 무슨 일이?: 백제와 고구려를 무너뜨렸지만, 바로 우리 땅 전체를 차지한 건 아니야.

무슨 일이?: 당나라는 전쟁이 끝난 뒤에도 물러가지 않았어. 오히려 고구려 땅에 '9도독부'를 설치했지. 그러더니 신라에도 '계림 도독부'를 세우고, 나를 왕이 아니라 '계림 도독'이라고 부르지 않겠어? 우리를 도와주면 대동강 이북 땅을 당나라에 주기로 했는데, 당나라는 한반도를 모두 집어삼킬 속셈이었던 거야.

그래서 어떻게?: 끝까지 싸워서 당나라 군대를 물리치고 진짜 통일을 완성했지!

- 626 **태종 무열왕의 맏아들**로 태어났어요.
- 661 **왕위**에 올랐어요.
- 668 고구려를 쳐서 **삼국을 통일**했어요.
- 672 **당나라**가 신라를 **공격**했어요.
- 676 신라 땅에서 당나라를 몰아내고 **삼국 통일**을 완성했어요.
- 681 세상을 떠났어요.

죽어서도 나라를 지키겠노라

이야기 마당

당나라와의 기나긴 전쟁이 끝났어요. 그러나 문무왕에게는 다시금 신라를 일으켜 세우는 숙제가 남아 있었어요. 문무왕은 전쟁으로 지친 백성들을 돌보고, 신라를 강한 나라로 만드는 데 온 힘을 기울였어요.

세월은 흐르고 흘러, 문무왕에게도 마지막 순간이 찾아왔어요.

"내가 죽거든 동해의 커다란 바위 위에서 장사를 지내라."

왕의 말을 들은 신하들은 어찌할 바를 몰랐어요. 왕이 세상을 뜨면 거대한 왕릉을 지어야 하는데, 너무나 엉뚱한 유언이었으니까요.

"동해는 왜구가 들어오는 길목이다. 나는 바다의 용이 되어 죽어서도 나라를 지킬 것이다."

신하들은 왕의 유언대로 동해 감포 앞바다의 큰 바위에서 장례를 치렀어요. 백성들은 왕을 그리워하며 그 바위를 대왕암 또는 대왕 바위라고 불렀어요.

그 뒤 문무왕의 큰아들 신문왕이 왕위에 올랐어요. 신문왕은 왕의 힘을 키우려고 노력했어요. 진골 귀족 세력을 물리치고 지방 제도를 정비했지요.

"아버지를 위한 절을 지어야겠다."

신문왕은 감은사라는 사찰을 짓고 아버지를 기렸어요. 그리고 죽어서도 나라를 지키겠다던 아버지를 생각했어요.

그러던 어느 날, 아버지가 진짜 바다의 용이 되어 나타났어요. 하늘의 신이 된 김유신과 함께였어요.

"동해의 한 섬에 대나무를 보내마. 그 대나무를 베어서 피리를 만들어라. 그 피리를 불면 적의 군사가 물러가고, 백성들의 병이 사라지며, 파도가 평온해질 것이다."

신문왕은 무릎을 꿇은 채 눈물만 흘릴 뿐이었어요.

얼마 뒤 정말로 섬에서 대나무가 자라났어요. 신문왕은 대나무로 피리를 만들었어요. 피리를 불자 놀라운 일이 일어났어요. 가뭄이 들었을 때는 비가 내렸고, 폭풍우가 불다가도 잠잠해졌어요. 적들도 감히 신라를 넘보지 못했어요.

"이것을 '만 개의 파도를 가라앉히는 피리'라는 뜻으로 '만파식적'이라고 부르겠다."

신문왕은 힘들었던 시절이 지나고 평화가 오기를 바라며 피리를 불었어요.

문무 대왕릉

바다에 있는 문무왕의 능. 문무 대왕릉은 바닷속에 있는 수중릉이에요. 장사를 지낸 바위는 대왕암이라고 부르지요. 아직 조사가 이루어지지 않아서 정확한 구조는 알 수 없어요.

삼국 통일의 빛과 그림자

신라는 간절히 바라던 삼국 통일의 소원을 이뤘어요. 하지만 완벽한 통일이라고 볼 수는 없어요. 신라 혼자 힘으로 이루지 못하고 당나라의 도움을 받았으니까요.

신라는 삼국 통일을 도와주면 대동강 이북의 땅을 당나라에 넘기기로 약속했어요. 그래서 삼국 통일 후 고구려 땅 중에서 대동강 이남 지역만 얻고 나머지는 당나라에게 넘겨야 했지요.

삼국을 통일하여 하나로 힘을 합치게 된 것은 좋은 일이지만, 드넓은 고구려 땅을 잃은 것은 참으로 안타까운 일이에요. 이런 점 때문에 만약 고구려가 삼국을 통일했다면 어땠을까 하고 상상해 보는 사람도 많아요. 그랬다면 어쩌면 지금 우리나라의 지도 모양이 달라졌을지도 몰라요.

1. 문무왕이 왕릉이 아닌 동해 바다에 묻어 달라고 한 이유는 무엇인가요?

    ① 바다에서 헤엄치기를 좋아해서

    ② 바다의 용이 되어서라도 나라를 지키고 싶어서

    ③ 인어 공주를 만나고 싶어서

2. 문무왕과 김유신이 신문왕에게 주었다는 대나무로 만든 피리의 이름을 찾아보세요.

   ① 만두피리   ② 만파식적   ③ 마파두부

발해의 왕이 된 고구려 장수

대조영

인물 마당

이름: 대조영

직업: 고구려의 뒤를 이어 발해를 세운 고왕

고구려 멸망 후 무슨 일이?: 아버지 걸걸중상 장군과 나는 나라를 잃은 고구려 사람들과 함께 요서 지방으로 떠났어. 당나라에서 고구려 사람들을 억지로 떠나 보냈거든. 아마 다시 나라를 세울까 봐 두려워서였겠지. 우리가 도착한 영주 지방에는 거란족과 말갈족도 살고 있었어.

그 후 당나라는?: 평양성에 '안동 도호부'라는 관청까지 세웠고 고구려를 다스리려 들었어. 당나라 사람들은 우리를 못살게 굴었고 관리들은 엄청나게 많은 세금을 뜯어 갔어. 결국 참다 못한 거란족이 반란을 일으켰어. 어수선한 틈을 타서 나는 고구려 사람들과 말갈족까지 데리고 동쪽으로 옮겨 갔어.

당나라의 반격은?: 당연히 우리 뒤를 쫓았지. 하지만 걱정 마. 고구려를 이어받은 나라, 발해를 기필코 세우고 말 테니까!

- **?** 태어난 해는 정확하게 알 수 없어요.
- **668** 당나라에 의해 요서 지방의 영주로 끌려갔어요.
- **698** 새롭게 **진나라**를 세우고 **연호**를 **천통**이라고 했어요.
- **713** 진나라의 힘이 커지자 **당나라**는 대조영을 **발해의 왕**으로 인정했어요. 그 후 나라 이름을 **발해**로 바꾸었어요.
- **719** 세상을 떠났어요.

# 바다 동쪽에서 떠오르는 나라, 발해

걸걸중상은 있는 힘을 다해 싸웠어요. 챙! 챙! 칼이 맞부딪히며 불꽃이 튀었어요. 전투가 얼마나 치열한지 한 치 앞도 내다볼 수 없었어요.

그러나 걸걸중상은 두렵지 않았어요. 당나라에 짓밟힌 고구려를 다시 세워야 한다는 생각뿐이었어요. 옆에서 함께 싸우는 말갈족의 걸사비우 역시 같은 마음이었어요.

"고구려 사람들은 포기를 모르는군. 거란 장수 이해고를 불러라."

당나라는 자기들에게 항복한 거란 장수 이해고에게 많은 군사를 내주었어요. 다시금 전투가 시작되었어요. 먼저 나선 것은 걸사비우였어요. 밀고 밀리며 싸우다가 걸사비우가 피를 흘리며 쓰러졌어요.

"안 돼!"

걸걸중상이 나섰지만, 마찬가지로 이해고의 무자비한 칼날에 목숨을 잃고 말았어요.

걸걸중상의 아들 대조영은 피눈물을 흘렸어요. 아버지를 잃었으나 슬퍼할 틈이 없었지요. 대조영은 남은 사람들을 잘 이끌어야 한다고 마음을 다잡았어요.

"모두 나를 따르시오. 천문령으로 몸을 피합시다."

전투에 이긴 이해고는 의기양양하게 천문령 골짜기 깊은 곳까지 대조영을 쫓아왔어요. 대조영은 은밀하게 작전을 짰어요.

"당나라군은 전혀 주변을 살피지 않는군. 숨어 있다가 기습 공격을 펼칩시다!"

대조영과 군사들이 갑자기 공격해 오자, 거들먹거리던 당나라군은 맥을 못 추고 달아났어요. 고구려 후예들의 승리였어요.

대조영은 사람들을 이끌고 동모산으로 가서 성을 쌓고 새 나라를 세웠어요.

"새 나라의 이름은 '힘이 사방으로 뻗는다'는 뜻으로 '진'이라고 하겠소."

대조영이 진나라를 세웠다는 소문이 퍼지자, 여기저기 흩어져 있던 고구려 사람들이 찾아왔어요. 점차 힘을 모은 진나라는 고구려 땅 대부분을 곧 되찾았어요. 대조영은 돌궐과 신라, 왜 등 주변 나라와도 친하게 지냈어요. 이쯤 되자 당나라도 결국 대조영을 왕으로 인정했지요.

대조영은 나라 이름을 '발해'로 고쳤어요. 발해는 제10대 왕인 선왕 때 '해동성국'으로도 불렸어요. '바다 동쪽에서 크게 성공한 나라'라는 뜻이에요. 어둠 속에 사라진 고구려는 태양 같은 발해로 다시 떠올랐어요.

발해 역사관

발해를 소개하는 역사관. 발해를 세운 대조영과 발해의 문화, 역사를 알 수 있는 곳이에요. 강원도 속초시에 있어요.

발해는 우리 민족의 당당한 역사

우리 역사에서 남쪽에는 신라, 북쪽에는 발해가 있던 시기를 '남북국 시대'라고 불러요.

발해는 698년에서 926년까지 229년간 이어지며 열다섯 명의 왕이 다스렸어요. 영원히 빛날 것 같던 해동성국 발해는 9세기 후반에 접어들자 힘이 약해졌어요. 그러다가 당나라가 멸망한 뒤 세력을 키운 거란에 밀려 결국 멸망하고 말았지요.

당시 기록이 거의 남지 않아서 발해가 왜 멸망했는지 정확한 이유는 알지 못해요. 다만 발해를 다스리던 고구려 사람들과 그 밑에서 지배를 받던 말갈족 사이에서 갈등이 일어나 나라가 흔들린 게 아닐까 짐작할 뿐이에요.

현재 중국은 발해가 자기들의 역사라고 우기고 있어요. 당나라 땅에 세워졌으니 중국 역사에 포함된다는 것이지요. 그러나 중국의 주장은 옳지 않아요. 대조영이 고구려 사람이고, 고구려 때와 똑같은 온돌이나 무덤을 사용했다는 사실만 봐도 발해가 우리 역사라는 걸 누구나 알 수 있답니다.

1. 발해는 '바다 동쪽에서 크게 성공한 나라'라는 뜻에서 ○○○○으로 불렸어요. 빈 곳에 알맞은 말을 골라 보세요.

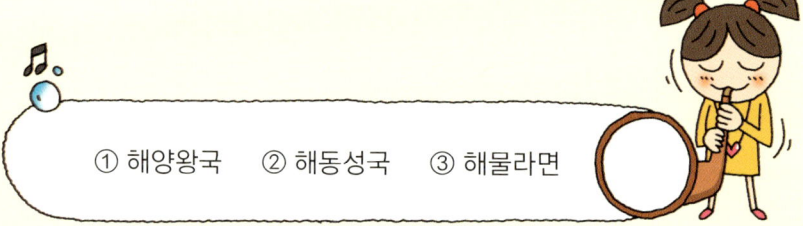

① 해양왕국   ② 해동성국   ③ 해물라면

2. 남쪽에는 신라, 북쪽에는 발해가 있던 시기를 무슨 시대라고 할까요?

① 남북국 시대   ② 남신북발 시대   ③ 청동기 시대

푸른 바다를 거침없이 누빈 해상왕

장보고

인물마당

이름: 어릴 적엔 궁복으로 불렸어. '활을 잘 쏘는 사람'이란 뜻이지. 그래 봤자 신라에서는 아무 소용 없어서 당나라로 가서 장보고로 바꿨어.

그 이유는?: 뱃사공의 아들이라 신분이 낮아 출세할 수 없었거든. 마침내 당나라 군대에서 높은 자리에 올랐지만, 난 모든 걸 버리고 신라로 돌아왔어.

왜?: 어느 날 꼬마들이 당나라 노비로 고생하는 모습을 보았어. 그 아이들은 다름 아닌 신라 아이들이었어. 바닷가에서 놀다가 해적들에게 잡혀 왔다는 거야. 난 신라로 가서 흥덕왕을 만났어. 청해에 진을 치고 성을 쌓아 해적을 막겠다고 했지. 흥덕왕은 내게 청해진 대사를 맡겼어. 청해는 지금의 전라남도 완도야.

그 후에는 어떻게?: 군사를 모아 훈련하여 바다를 지켰어. 바다가 안전하니 무역이 활발해져서 청해진은 크게 발전했지.
사람들은 그때부터 나를 '바다의 왕 장보고'라고 불렀단다.

- **?** 태어난 해는 정확하게 알 수 없어요.
- **828** **청해진**을 **설치**했어요.
- **837** 제38대 **원성왕**의 증손자 **김우징**이 청해진으로 몸을 피했어요.
- **838** **희강왕**이 죽고 **민애왕**이 왕위에 올랐어요.
- **839** 김우징을 **신무왕**으로 세웠어요.
- **846** 부하 **염장**에게 죽임을 당했어요.

강했던 해상왕의 쓸쓸한 마지막

이야기 마당

"해적들이다, 잡아라!"

장보고가 소리쳤어요. 해적들이 허둥지둥 달아났어요.

청해진 주변은 수많은 무역선이 오가는 바닷길이라 해적들이 들끓었어요. 물건을 훔치고 신라 사람을 노비로 잡아가려던 해적들은 오히려 장보고에게 붙잡히고 말았어요.

"과연 해상왕이라니까. 정말 대단해!"

백성들은 크게 기뻐했어요.

장보고는 당나라와 일본으로 오가는 무역을 손에 넣었어요.

장보고의 힘이 나날이 커지던 어느 날, 흥덕왕이 세상을 떠났어요. 뒤를 이를 아들이 없어서 왕위를 두고 다툼이 벌어졌지요. 치열한 싸움 끝에 희강왕이 왕의 자리를 차지했어요.

그러자 왕위 다툼에서 밀려난 김우징은 청해진으로 달아났어요. 장보고는 김우징을 보호해 주었어요. 3년도 되지 않아 반란이 일어났고, 희강왕은 목숨을 잃었어요. 뒤를 이어 민애왕이 왕위에 올랐어요.

"도저히 두고 볼 수가 없군. 김우징을 왕위에 올려야겠소."

장보고가 결단을 내렸어요. 민애왕은 전투를 피해 달아났으나, 청해진 군사들에게 잡혀 죽고 말았어요. 김우징은 신무왕이 되었어요. 천하다고 업신여김을 받던 장보고가 신라의 왕을 바꾼 거예요. 신무왕은 장보고를 장군에 임명했어요.

얼마 후 신무왕은 병을 얻어 세상을 떠났어요. 그러자 장보고는 신문왕의 아들을 문성왕으로 세웠어요. 문성왕은 장보고의 딸을 둘째 왕비로 맞으려고 했어요.

그러나 신하들이 반대했어요. 신분이 낮은 장보고를 왕족으로 맞을 수 없다는 것이었지요. 결국, 장보고는 딸을 왕비로 보내는 데 실패했어요.

"장보고를 그냥 둬서는 안 되겠군. 너무 큰 힘을 가졌어."

귀족들은 은밀하게 작전을 짰어요. 장보고의 부하 염장에게 장보고를 없애라고 시킨 거예요. 염장은 시치미를 뚝 떼고 장보고를 찾아갔어요.

그런 줄 꿈에도 몰랐던 장보고는 반갑게 염장을 맞아 술자리까지 베풀었어요. 장보고가 술에 취하자 염장은 칼을 뽑았어요. 바다를 호령했던 해상왕은 그렇게 어이없이 눈을 감고 말았어요.

장보고 기념관

청해진 유적과 옛 문헌들을 전시하는 기념관. 장보고의 고향 청해진 완도에 해상왕의 업적을 기리기 위해 세워졌어요.

중국과 일본을 중간에서 잇는 무역 기지, 청해진

장보고에게 청해는 완벽한 섬이었어요. 나라 안팎을 오가는 배가 드나들어 바닷길을 감시하기에 좋았거든요. 장보고는 청해진을 중국과 신라, 일본까지 연결하는 국제 무역 도시로 키워 나갔어요. 청해진은 1만여 명이 넘는 군사가 바다를 지키는 해군 기지 역할도 했어요. 장보고는 무역으로 엄청난 돈을 벌고 널리 이름을 떨쳤어요. 신라 사람들이 많이 살던 당나라의 산둥성에 법화원이라는 큰 절도 지었지요.

장보고가 죽은 뒤 청해진은 어떻게 되었을까요? 염장이 청해진을 다스렸지만, 장보고의 부하들과 완도 주민들이 반발했어요. 끝내 청해진은 사라지고 말았어요.

장보고의 죽음은 신라의 실수이자 불행이었어요. 9세기 중엽에 바다를 누비며 무역을 펼치던 청해진이 사라지자 신라의 경제도 무너졌거든요. 장보고가 세상을 떠난 뒤, 신라도 차츰 힘을 잃었답니다.

1. 장보고가 해상 왕으로 불린 까닭은 무엇일까요?

　　① 물고기를 맨손으로 잘 잡아서

　　② 바다를 헤엄쳐 건너서

　　③ 해상 무역을 펼치고 해적도 잘 잡아서

2. 청해진에 대한 설명 중 틀린 것을 찾아보세요.

　　① 유명한 수산 시장 이름이에요.

　　② 지금의 완도를 가리켜요.

　　③ 동아시아를 오가는 배들이 드나드는 무역의 중심지였어요.

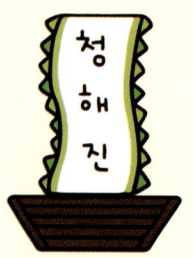

세상을 바꾸려 했던 **천재**의 눈물

최치원

인물 마당

이름: 최치원

직업: 학자. 신라 최고의 천재로도 불리지.

어린 시절: 6두품 출신인 신분의 한계로 벼슬에 오르기 힘들었어. 그래서 열두 살에 일찌감치 당나라로 유학을 떠났지. 외국인에게도 일할 기회를 주는 '빈공과'라는 과거 시험을 치기 위해서였어.

결과는?: 열여덟 살에 장원을 하고 당나라에서 관리로 일했어. 그러던 어느 날, 내 글솜씨를 널리 알릴 수 있는 기회가 생겼어.

어떤 기회?: 황소라는 사람이 난을 일으킨 거야. 이때 내가 '토황소격문'이라는 글을 썼어. '황소를 꾸짖는 글'이라는 뜻이지. 내 글을 본 황소는 겁을 먹고 후퇴했어.

그 후에는?: 신라로 돌아가 진성 여왕께 나라를 변화시킬 '시무 10조'를 써서 올렸지만, 세상을 바꾸는 데는 실패했어. 신분 차별이 뭐길래!

- 857 ○ 최견일의 아들로 태어났어요.
- 868 ○ **당나라로 유학**을 떠났어요.
- 874 ○ **빈공과에 장원**으로 합격했어요.
- 881 ○ **'토황소격문'**을 지었어요.
- 885 ○ 신라로 돌아왔어요.
- 894 ○ 진성 여왕에게 **'시무 10조'**를 써서 올렸어요.
- 899 ○ **가야산 해인사**로 들어가 버렸어요.

나를 알아주는 사람 하나 없구나

이야기 마당

별도 잠든 깊은 밤이었어요. 최치원은 조용히 봇짐을 꾸렸어요. 책 몇 권과 소박한 옷 몇 벌이 전부였어요. 최치원은 조촐한 봇짐을 메고 방을 나섰어요.

'저는 이제 관직을 떠납니다. 아니, 아예 신라를 버리렵니다. 타고난 신분으로 차별받는 것도 이제 지긋지긋합니다. 자연을 벗 삼아 바람처럼 살고자 하니 여왕 폐하, 부디 안녕히 계십시오.'

최치원은 궁궐 쪽을 향해 큰절을 올렸어요. 그리고 그길로 바람처럼 사라져 버렸어요.

최치원은 일찌감치 당나라에서 유학했으며 천재로 이름이 높았어요. 당나라에서 보고 배운 것을 신라에서 멋지게 펼칠 생각이었지요.

하지만 신분의 벽은 너무나 높았어요. 6두품은 아무리 뛰어나도 17관등 중에서 6번째 벼슬 이상 오를 수 없었거든요. 게다가 신분은 낮은데 실력이 너무 뛰어난 탓에 귀족들의 미움을 받아 먼 지방의 관리로 밀려났어요.

하지만 최치원에게는 더 큰 걱정이 있었어요.

'신라의 꼴이 말이 아니다. 지방 호족들의 힘이 너무 세졌어. 호족들이 세금을

내지 않아 나라는 점점 가난해지고, 농민들은 먹고살기 힘들어 아우성이니….'

최치원은 나라를 위하는 절절한 마음을 담아 진성 여왕에게 글을 써서 올렸어요. 세상을 바꿀 방법을 쓴 '시무 10조'였어요.

그러나 최치원이 온 마음을 다해 쓴 이 글은 안타깝게도 외면을 받았어요. 진성 여왕은 이 글대로 해 보려고 했지만 귀족들이 반대하고 나섰거든요.

"6두품 주제에 어딜 감히!"

쏟아지는 비웃음에 최치원은 마음이 쓰라렸어요. 이제 신라에는 희망이 없는 것 같았어요. 결국, 최치원은 벼슬을 버리고 나와 떠돌아다녔어요.

어느 가을밤, 비가 내렸어요. 최치원은 하염없이 비를 맞으며 시를 지었어요.

> 가을바람에 괴로운 마음으로 시를 읊는다.
> 세상에 나를 알아주는 이가 드물구나.
> 한밤중 창밖엔 비가 내리는데
> 등불 앞에 있는 마음은 만 리 밖을 달리네.

최치원은 가야산으로 들어가 다시는 세상 밖으로 나오지 않았어요.

시무 10조

최치원이 894년 진성 여왕에게 건의한 정책. 어지러운 정치를 바로잡기 위한 정책이었으나, 귀족들의 반대로 받아들여지지 않았어요.

골품제 때문에 신라를 떠난 재주꾼들

신라의 6두품은 제아무리 실력이 뛰어나도 높은 벼슬에 오르는 데는 한계가 있었어요. 골품제 때문이었지요. 6두품들은 실력이 아니라 타고난 출신으로 신분을 나누는 골품제에 불만을 품고 당나라로 떠났어요. 당나라에는 외국인을 상대로 실시하는 과거인 빈공과가 있었거든요.

일찌감치 당나라로 유학 간 6두품 중에는 최치원 외에 최언위와 최승우라는 사람도 있었어요. 이 세 사람을 '신라 3최'라고 불러요. 최언위는 나중에 고려로 가서 왕건의 신하가 되었어요. 최승우는 후백제로 떠나 견훤을 도왔어요. 또 다른 6두품 청년 설계두 역시 신라를 벗어나 당나라로 갔어요. 당나라 태종이 고구려를 치는 데 큰 공을 세웠지요.

이처럼 신라는 골품제 때문에 훌륭한 인재들을 잃고 말았답니다.

1. 최치원이 신라를 바꾸기 위해 진성 여왕에게 올린 글은 무엇인가요?

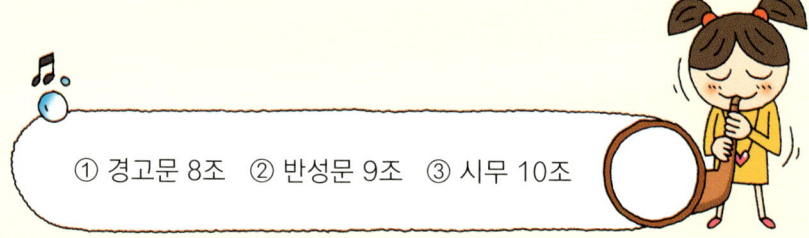

① 경고문 8조   ② 반성문 9조   ③ 시무 10조

2. 최치원이 뛰어난 글솜씨로 황소의 난을 막아낸 글의 제목을 찾아보세요.

① 황소퇴치문   ② 토황소격문   ③ 황소야, 가라!

후백제를 세우고 제 손으로 **무너뜨린 왕**

견훤

인물 마당

이름: 견훤

직업: 후백제를 세운 왕

어린 시절: 호족* 아자개의 아들로 태어났어. 《삼국사기》에 나에 대한 설화가 실려 있지. 호랑이가 데려와 젖을 먹여 키웠다는 내용이야. 그래서인지 나는 겁이 없고 용맹하게 자라났어.

한 일: 당시 통일 신라에는 크고 작은 싸움이 그치지 않았어. 왕실과 귀족들은 썩을 대로 썩어 자기 욕심만 채웠어. 그때 나는 군인이었는데, 어수선한 나라를 바라보니 마음이 복잡했어.

그래서 어떻게?: 통일 신라를 뒤엎고 새 나라를 세우고 싶었어. 당시 군대에서 공을 많이 세워 나를 따르는 군사들이 많았지. 나는 그들을 데리고 힘을 키워 나갔어.

결과는?: 지금의 전주인 완산주에서 마침내 꿈을 이뤘어. 새 나라를 세우고 '후백제'라고 불렀지. 백제의 뒤를 이은 나라의 왕이 된 거야.

* 호족: 지방에서 큰 힘을 누리던 세력

- **867** **아자개**의 아들로 태어났어요.
- **892** 지금의 광주인 **무진주를 차지**한 뒤 왕이 되었어요.
- **900** **후백제**를 세웠어요.
- **910** **왕건**에게 **나주**를 빼앗겼어요.
- **929** 고창 전투에서 **고려에 패배**했어요.
- **936** **스스로 후백제를 무너뜨린** 뒤 세상을 떠났어요.

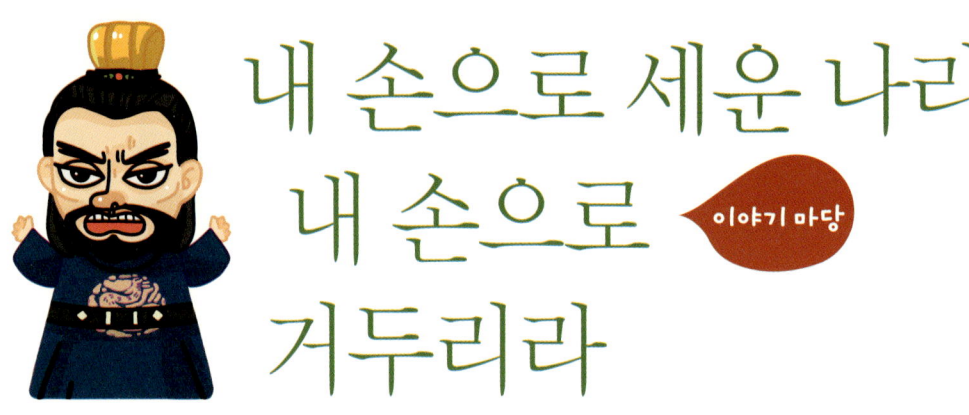

내 손으로 세운 나라, 내 손으로 거두리라

이야기 마당

"내가 바로 백제의 뒤를 이은 후백제의 왕이다!"

견훤은 왕이 된 후에도 직접 전쟁터에 나가 싸웠어요. 중국의 여러 나라뿐 아니라 거란이나 일본과도 친하게 지냈어요. 견훤이 후백제를 키우는 사이, 궁예가 후고구려를 일으켰어요. 그렇게 후삼국 시대가 시작되었어요.

하지만 후고구려는 얼마 못 가 무너지고 말았어요. 왕건이 궁예를 몰아내고 고려를 세웠거든요. 견훤은 왕건에게 축하를 전했어요. 그러나 점차 초조해졌어요. 신라가 고려와 가깝게 지냈기 때문이에요.

"두 나라가 힘을 합치기 전에 먼저 신라를 쳐야겠다. 진격하라!"

불안해진 견훤은 칼을 빼 들었어요. 신라의 경애왕을 죽이고, 경순왕을 꼭두각시 왕으로 세웠지요. 위험에 빠진 신라는 고려에 도움을 청했어요. 왕건은 군대를 이끌고 신라로 갔어요. 마침내 마주한 후백제와 고려는 목숨을 걸고 싸웠어요. 승리는 후백제에게 돌아갔어요. 견훤은 뛸 듯이 기뻤어요.

"아예 끝장을 내 주지. 덤벼라, 고려!"

지금의 경상북도 안동 지방인 신라 고창에서 두 나라가 다시 맞붙었어요. 이번에는 견훤이 졌어요. 그 이후로 후백제는 서서히 힘을 잃어 갔어요.

거기에 더 큰 문제가 있었어요.

견훤에게는 네 명의 아들이 있었는데, 그중에서도 넷째인 금강을 가장 예뻐했어요. 그래서 금강에게 왕위를 물려주려고 했어요. 이에 불만을 품은 첫째 신검이 동생을 죽이고 견훤을 금산사에 가두었어요. 그런 다음 자기가 왕위에 올랐어요.

"아버지인 나를 내쫓고 형제를 죽이다니, 절대로 용서하지 않겠다!"

금산사를 탈출한 견훤은 왕건을 찾아가 항복했어요.

"복수하고 싶소. 후백제를 칩시다. 내가 세운 나라, 내 손으로 거두겠소."

10만 고려 군사가 후백제로 쳐들어갔어요. 맨 앞에 선 사람은 바로 견훤이었어요. 후백제의 군사들은 차마 견훤을 공격하지 못하고, 끝내 고려에 무릎을 꿇었지요.

그 이후 견훤은 괴로운 나머지 잠 못 이루다가 병을 얻었어요. 한때 세상을 발아래 두었던 견훤은 외롭게 세상을 떠났어요.

견훤 왕릉 공원

백제의 왕 견훤의 능이 자리 잡은 공원.
충청남도 논산시 연무읍에 있어요.

후백제가 성공과 실패를 오간 까닭은?

처음 후백제는 삼국 중에서 가장 강한 나라였어요. 견훤은 후백제를 키우기 위해 다양한 노력을 기울였지요. 나라를 세우자마자 먼저 중국의 오월과 지금의 일본인 왜에 사신을 보냈어요. 후삼국 가운데 외교에 가장 정성을 쏟았지요. 이와 동시에 왕의 권력과 군사의 힘을 키운 덕분에 후백제는 크게 성장할 수 있었어요.

그러나 화려했던 후백제는 서서히 기울어졌어요. 호족들을 하나로 모으는 데 실패했기 때문이에요. 견훤은 더 많은 군사와 쌀을 내놓으라며 호족들을 무리하게 다그쳤어요.

반면에 고려의 왕건은 호족의 딸들과 결혼하며 가족이 되어 호족들을 하나로 합치는 데 성공했지요. 이처럼 호족과의 관계가 틀어진 데다 자식들의 왕위 다툼에서 밀려난 견훤은 서서히 힘을 잃었어요. 후백제 역시 결국 무너지고 말았답니다.

1. 후백제가 삼국 중 가장 먼저 발전한 까닭이 아닌 것은 무엇일까요?

① 외교를 잘해서 ② 강한 군사를 키워서 ③ 견훤이 잘생겨서

2. 후백제가 멸망한 까닭을 두 가지 찾아보세요.

① 백성들이 세금을 안 내서

② 견훤의 자식들이 왕위 다툼을 해서

③ 호족들을 하나로 합치지 못해서

나라를 세운 **영웅**인가, 사람들을 괴롭힌 **폭군**인가?

궁예

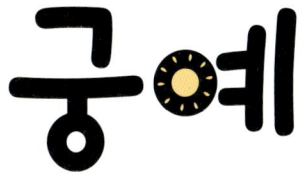
인물 마당

이름: 궁예

직업: 후고구려를 세운 왕. 신라 왕족으로 태어났지만 불행했어.

그 이유는?: 내가 태어난 날 지붕 위에 흰빛이 무지개처럼 하늘에 뻗쳤대. 점을 치는 신하가 "생일에 햇빛이 이상하니 이 아이는 장차 국가에 이롭지 못할 것이옵니다."라고 했어. 그러자 왕이 나를 죽이라고 시켰지. 나를 높은 곳에서 떨어뜨린 순간! 밑에서 유모가 받아 주었어. 그러다 그만 내 눈을 찔렀지 뭐야. 그때부터 나는 한쪽 눈이 멀었어. 유모는 나를 데리고 멀리 달아났지.

어린 시절: 아무것도 몰랐을 때는 철부지 장난꾸러기였어. 그러던 어느 날, 유모에게 나의 출생과 관련된 이야기를 들었지. 그때 충격을 받아 머리를 깎고 승려가 되었어.

그 후로는?: 절에서 무예를 갈고닦으며 보니, 백성들의 삶이 너무 고달팠어. 보다 못한 나는 절을 뛰쳐나왔어.

- **?** 신라 왕족으로 태어났어요.
- **895** 지금의 경기도와 황해도 일대인 **한산주**를 **차지**했어요.
- **896** 호족인 **왕건 가문과 힘**을 합쳤어요.
- **901** **후고구려**를 세우고 왕위에 올랐어요.
- **911** 자신을 **미륵불**이라고 선언했어요.
- **918** 세상을 떠났어요.

신라가 버린 왕족, 후고구려의 왕이 되다

이야기 마당

절에서 나온 후, 궁예는 양길이라는 유명한 도적을 찾아갔어요. 양길은 활 솜씨도 뛰어나고 머리도 좋은 궁예에게 군사를 맡겼어요.

궁예는 군사들을 잘 보살폈어요. 함께 먹고 자며 고생하는 것은 물론, 모두 공평하게 대했지요. 궁예가 점점 더 인기를 끌자 양길은 불안해졌어요. 사람들이 두목인 자기보다 궁예를 더 따랐으니까요.

'이대로는 안 되겠어. 궁예를 없애야겠다.'

양길은 결심했지만, 속셈을 미리 눈치챈 궁예에게 오히려 당하고 말았어요.

"궁예가 우리의 새 우두머리다!"

사람들은 크게 환영했어요.

궁예는 강원도 철원을 중심으로 힘을 키워 갔어요. 그의 이름이 높아지자, 송악 지방의 호족이었던 왕건이 아버지와 함께 궁예를 찾아와 부하가 되었어요. 송악은 지금의 개성이에요.

당시 신라는 무너지기 직전이었어요. 신라의 귀족들은 허수아비 왕을 세우고 제 욕심을 채우기 바빴어요. 왕이 자기들 마음에 들지 않으면 죽이기까지 했어요. 백성들은 가난에 지친 나머지 도둑이 되거나 나라를 버리고 떠났어요.

궁예는 드디어 새 나라를 세울 때가 되었다고 생각했어요. 그리고 왕건과 여러 호족의 도움을 받아 송악에 나라를 세우고 마침내 왕이 되었어요.

"새 나라의 이름은 후고구려로 하겠소. 그 옛날 고구려를 이어받은 나라를 만들 것이오!"

왕위에 오른 궁예가 외쳤어요. 백성들은 손뼉치며 환영했어요. 그중에서도 옛 고구려를 그리워하던 백성들은 더욱 기뻐하며 눈물을 흘렸어요.

궁예는 후에 나라 이름을 '마진'으로 고쳤어요. 그리고 나라를 다스리는 제도를 차근차근 갖춰 갔어요. 그다음에는 철원으로 도읍을 옮기고 나라 이름을 '태봉'으로 바꾸었어요.

궁예는 부지런히 나랏일을 보살피며 병사들과 함께 생활했어요. 덕분에 백성들의 지지를 받으며 후삼국 중에서 가장 넓은 영토를 차지할 정도로 성장했지요.

그러나 영광은 오래가지 않았어요. 궁예가 점점 폭력적으로 변해 갔기 때문이에요. 결국 승승장구하던 후고구려에도 어두운 그림자가 드리웠답니다.

궁예 미륵

경기도 안성 국사암에 있는 궁예 미륵. 궁예는 사람들에게 자신이 세상을 구원할 미륵이라고 했어요. 가운데 불상이 궁예를, 왼쪽과 오른쪽은 문신과 무신을 뜻한다고 해요.

자신을 미륵이라 불렀던 왕의 비참한 최후

궁예는 왕의 힘을 키우기 위해 미륵 신앙을 이용했어요. 미륵이란 세상이 어지러울 때 사람들을 구하러 오는 미래의 부처를 말해요. 궁예는 자신이 미륵이라고 말해 백성들의 마음을 얻었어요. 게다가 관심법이라는 신기한 능력으로 사람의 마음을 꿰뚫어본다고도 했어요.

그런데 온화했던 처음과 달리, 궁예는 차츰 폭력적으로 변해 갔어요. 관심법을 내세워 죄 없는 신하들을 마구 죽였지요. 심지어 자기 부인과 아들들까지도 죽여 버렸어요. 그러자 사람들은 벌벌 떨었고 온 나라가 공포로 뒤덮였어요.

참다 못한 신하들은 결국 반란을 일으켰어요. 궁예를 끌어내리고 왕건을 새 왕으로 올렸지요. 쫓겨난 궁예는 얼굴을 숨긴 채 떠돌아다녔어요. 그러다가 배가 고파 보리 이삭을 훔쳐 먹었는데, 그 모습을 백성들에게 들켜 결국 맞아 죽고 말았답니다.

1. 궁예의 일생이 아닌 것은 무엇일까요?

　　① 후삼국을 통일했어요.

　　② 왕족으로 태어났어요.

　　③ 왕의 자리에서 쫓겨났어요.

2. 궁예는 자신이 미래에서 온 부처인 ＿＿＿＿이라고 하고, ＿＿＿＿으로 남의 마음을 꿰뚫어본다고 했어요. 빈칸에 알맞은 단어를 골라 보세요.

　　　　　　　도움말: 볼 관(觀), 마음 심(心)

 ① 뒤룩 - 현미경　② 꼬륵 - 돋보기　③ 미륵 - 관심법

Q&A

● 퀴즈 마당 정답

18쪽 1. ② 2. ③
22쪽 1. ② 2. ④
26쪽 1. ③ 2. ③
30쪽 1. ③ 2. ①
34쪽 1. ② 2. ③
38쪽 1. ③ 2. ③
42쪽 1. ③ 2. ③
46쪽 1. ③ 2. ①
50쪽 1. ①, ②, ④ 2. ③
54쪽 1. ① 2. ②
58쪽 1. ① 2. 모두 정답!(자신의 생각을 썼다면 모두 정답이에요.)
62쪽 1. ② 2. ③
66쪽 1. ③ 2. ②
70쪽 1. ③ 2. ①
74쪽 1. ② 2. ②
78쪽 1. ② 2. ①
82쪽 1. ③ 2. ①
86쪽 1. ③ 2. ②
90쪽 1. ③ 2. ②, ③
94쪽 1. ① 2. ③

- 사진 제공 출처

인물	사진	사진 제공	쪽수
광개토대왕	광개토 대왕릉비	전쟁 기념관	37
이사부	독도	김지호_한국관광공사	41
김유신	김유신이 태어난 집	문화재청	61
계백	백제 역사 문화관	전형준_한국관광공사	65
문무왕	문무대왕릉	김지호_한국관광공사	73
대조영	발해 역사관	토이바오	77
장보고	장보고 기념관	김지호_한국관광공사	81
견훤	견훤 왕릉 공원	논산시 공식 블로그	89
궁예	궁예 미륵	한국관광공사 김지호	93

바빠 독해

바빠 독해 1~6단계 | 각 권 9,800원

초등 교과 연계 100%

읽는 재미를 높인 초등 문해력 향상 프로그램

실제 아이들이 궁금해서 자꾸 읽고 싶어 한 이야기를 골라 구성!

- 소리 내어 읽기
- 낱말 뜻부터 확인!
- O표 하며 자세히 이해하기
- 한 걸음 떨어져서 생각하는 힘 기르기

호 박사

영재사랑 연구소에서 16년간 지도한 내용 중 **누구나 쉽게 성취감을 맛볼 수 있는 활동을 선별**했어요!

바빠 시리즈 초등 학년별 추천 도서

학년	학기별 연산책 바빠 교과서 연산 학기 중, 선행용으로 추천!	나 혼자 푼다! 수학 문장제 학교 시험 서술형 완벽 대비!
1학년	· 바쁜 1학년을 위한 빠른 교과서 연산 1-1 · 바쁜 1학년을 위한 빠른 교과서 연산 1-2	· 나 혼자 푼다! 수학 문장제 1-1 · 나 혼자 푼다! 수학 문장제 1-2
2학년	· 바쁜 2학년을 위한 빠른 교과서 연산 2-1 · 바쁜 2학년을 위한 빠른 교과서 연산 2-2	· 나 혼자 푼다! 수학 문장제 2-1 · 나 혼자 푼다! 수학 문장제 2-2
3학년	· 바쁜 3학년을 위한 빠른 교과서 연산 3-1 · 바쁜 3학년을 위한 빠른 교과서 연산 3-2	· 나 혼자 푼다! 수학 문장제 3-1 · 나 혼자 푼다! 수학 문장제 3-2
4학년	· 바쁜 4학년을 위한 빠른 교과서 연산 4-1 · 바쁜 4학년을 위한 빠른 교과서 연산 4-2	· 나 혼자 푼다! 수학 문장제 4-1 · 나 혼자 푼다! 수학 문장제 4-2
5학년	· 바쁜 5학년을 위한 빠른 교과서 연산 5-1 · 바쁜 5학년을 위한 빠른 교과서 연산 5-2	· 나 혼자 푼다! 수학 문장제 5-1 · 나 혼자 푼다! 수학 문장제 5-2
6학년	· 바쁜 6학년을 위한 빠른 교과서 연산 6-1 · 바쁜 6학년을 위한 빠른 교과서 연산 6-2	· 나 혼자 푼다! 수학 문장제 6-1 · 나 혼자 푼다! 수학 문장제 6-2

'바빠 교과서 연산'과 '나 혼자 문장제'를 함께 풀면 한 학기 수학 완성!

바쁜 친구들이 즐거워지는 **빠른** 학습서

영역별 연산책 바빠 연산법
방학 때나 학습 결손이 생겼을 때!

- 바쁜 1·2학년을 위한 빠른 **덧셈**
- 바쁜 1·2학년을 위한 빠른 **뺄셈**
- 바쁜 초등학생을 위한 빠른 **구구단**
- 바쁜 초등학생을 위한 빠른 **시계와 시간**
- 보일락 말락~ 바빠 **구구단판** + 원리노트

- 바쁜 3·4학년을 위한 빠른 **덧셈**
- 바쁜 3·4학년을 위한 빠른 **뺄셈**
- 바쁜 3·4학년을 위한 빠른 **분수**
- 바쁜 3·4학년을 위한 빠른 **곱셈**
- 바쁜 3·4학년을 위한 빠른 **나눗셈**
  (4학년부터 권장합니다.)

- 바쁜 5·6학년을 위한 빠른 **곱셈**
- 바쁜 5·6학년을 위한 빠른 **나눗셈**
- 바쁜 5·6학년을 위한 빠른 **분수**
- 바쁜 5·6학년을 위한 빠른 **소수**
  (6학년부터 권장합니다.)

바빠 국어/ 급수한자
초등 교과서 필수 어휘와 문해력 완성!

- 바쁜 초등학생을 위한 빠른 **맞춤법 1**
- 바쁜 초등학생을 위한 빠른 **급수한자 8급**
- 바쁜 초등학생을 위한 빠른 **독해 1, 2**

- 바쁜 초등학생을 위한 빠른 **독해 3, 4**
- 바쁜 초등학생을 위한 빠른 **맞춤법 2**
- 바쁜 초등학생을 위한 빠른 **급수한자 7급 1, 2**

- 바쁜 초등학생을 위한 빠른 **급수한자 6급 1, 2, 3**
- 보일락 말락~ 바빠 **급수한자판** + 6·7·8급 모의시험

- 바쁜 초등학생을 위한 빠른 **독해 5, 6**

재미있게 읽다 보면 나도 모르게 교과 지식까지 쑥쑥!

바빠 영어
우리 집, 방학 특강 교재로 인기 최고!

- 바쁜 초등학생을 위한 빠른 **사이트 워드 1, 2**
- 바쁜 초등학생을 위한 빠른 **파닉스 1, 2**

- 바쁜 3·4학년을 위한 빠른 **영단어**
- 바쁜 3·4학년을 위한 빠른 **영문법 1, 2**

같은 시간을 공부해도 효과 극대화!

- 바쁜 5·6학년을 위한 빠른 **영단어**
- 바쁜 5·6학년을 위한 빠른 **영문법 1, 2**
- 바쁜 5·6학년을 위한 빠른 **영어특강 - 영어 시제 편**
- 바쁜 5·6학년을 위한 빠른 **영작문**

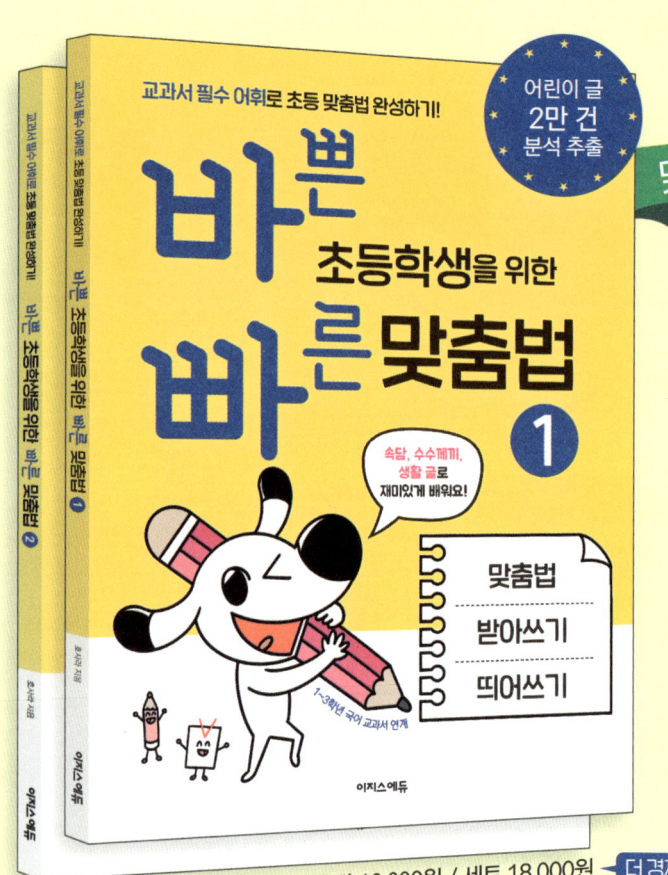

맞춤법, 받아쓰기, 띄어쓰기를 한 번에!

교과서 필수 어휘로 초등 맞춤법 완성!

호사라 박사 지음 / 각 권 10,000원 / 세트 18,000원 — 더 경제적!

분당 영재사랑 교육연구소에서 15년 동안 지도한 아이들의 문법 습득 과정을 반영해 과학적으로 설계했어요!

차 례

> 역사 인물들의 의상은 고증을 거쳐 도안화하였습니다. 비슷한 옷을 입은 것은 그 시대 인물의 옷을 입었기 때문이에요.

- **입체 인형 만들기(10명)** ··· 3

    단군왕검, 근초고왕, 광개토 대왕, 을지문덕, 선덕 여왕

    김춘추, 김유신, 원효, 대조영, 장보고

- **미니 인형 만들기(20명) 1** ··· 23

    단군왕검, 박혁거세, 주몽, 온조, 근초고왕

    광개토 대왕, 이사부, 진흥왕, 을지문덕, 선덕 여왕

    김춘추, 김유신, 계백, 원효, 문무왕

    대조영, 장보고, 최치원, 견훤, 궁예

- **미니 인형 만들기(20명) 2** ··· 31

    단군왕검, 박혁거세, 주몽, 온조, 근초고왕

    광개토 대왕, 이사부, 진흥왕, 을지문덕, 선덕 여왕

    김춘추, 김유신, 계백, 원효, 문무왕

    대조영, 장보고, 최치원, 견훤, 궁예

- **주사위 만들기** ··· 39

- **한국사 주사위 놀이판** ··· 41

미니 인형은 보너스로 +1세트를 더 실었어요.
1세트는 직접 만들어 게임하는 데 사용하세요.
그리고 보너스 세트는 가족, 친구들과 함께 만들어 보세요.

체험! 가위 잡고 한국사
입체 인형 만들기 | 단군왕검

✱ 만들기 전에!
──── : 가위로 실선 표시를 따라 오려요.
(손을 베지 않도록 주의하세요!)
------ : 점선 표시 밖으로 접어 주세요.
▨ : 같은 키워드끼리 목공용 풀로 붙여요.
─·─ : 칼로 오려 팔을 꽂으세요.

오리는 선

고조선 왕

홍익인간 홍익인간 홍익인간

환웅과 웅녀 최초 국가

홍익인간 홍익인간 홍익인간

고조선 왕

홍익인간
(弘益人間)

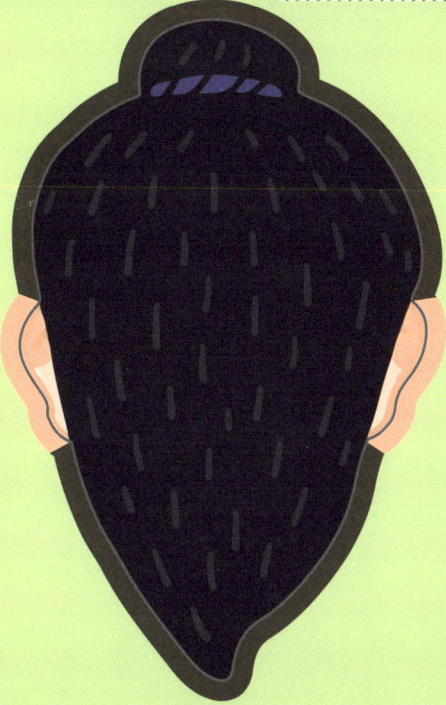

아사달산 산신   아사달산 산신

환웅과 웅녀

아사달산 산신   아사달산 산신

토이바오 네이버블로그에서 더 많은 캐릭터를 다운 받을 수 있습니다.
토이바오 블로그 http://blog.naver.com/toybao

입체 인형 만들기 | 단군왕검

체험! 가위 잡고 한국사

입체 인형 만들기 | 근초고왕

✳ 만들기 전에!

───── : 가로로 실선 표시를 따라 오려요.
(손을 베이지 않도록 주의하세요!)
- - - - - : 점선 표시 밖으로 접어 주세요.
▨▨▨ : 같은 키워드끼리 목공용 풀로 붙여요.
─·─·─ : 칼로 오려 팔을 꽂으세요.

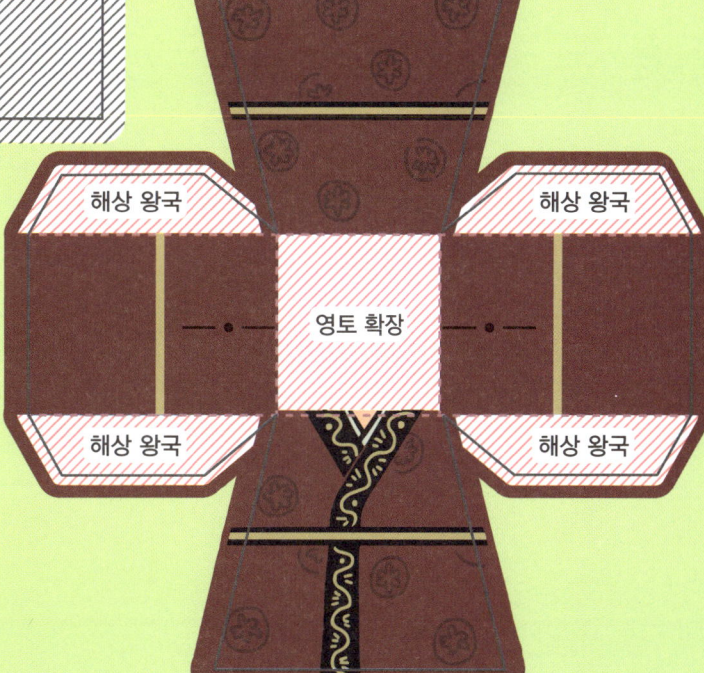

토이바오 네이버블로그에서 더 많은 캐릭터를 다운 받을 수 있습니다.
토이바오 블로그 http://blog.naver.com/toybao

체험! 가위 잡고 한국사
입체 인형 만들기 | 광개토 대왕

✻ 만들기 전에!

──── : 가위로 실선 표시를 따라 오려요.
(손을 베이지 않도록 주의하세요!)
╌╌╌╌ : 점선 표시 밖으로 접어 주세요.
▨▨▨ : 같은 키워드끼리 목공용 풀로 붙여요.
─·─· : 칼로 오려 팔을 꽂으세요.

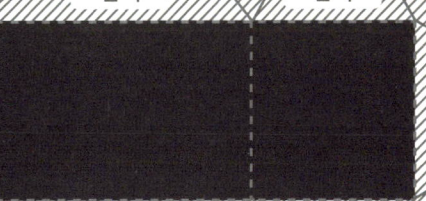

고구려 제19대 왕 / 담덕 / 연호 사용 / 정복왕

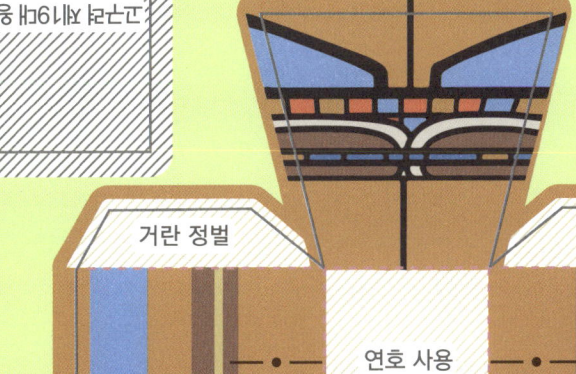

거란 정벌 / 연호 사용

토이바오 네이버블로그에서 더 많은 캐릭터를 다운 받을 수 있습니다.
토이바오 블로그 http://blog.naver.com/toybao

체험! 가위 잡고 한국사
입체 인형 만들기 | 을지문덕

❋ 만들기 전에!
―――― : 가위로 실선 표시를 따라 오려요.
(손을 베이지 않도록 주의하세요!)
------ : 점선 표시 밖으로 접어 주세요.
▨▨▨ : 같은 키워드끼리 목공용 풀로 붙여요.
—·— : 칼로 오려 팔을 꽂으세요.

살수의 둑을 터뜨려라!

청야 전술

담덕 | 담덕 | 담덕

살수 대첩

담덕 | 담덕 | 담덕

을지문덕

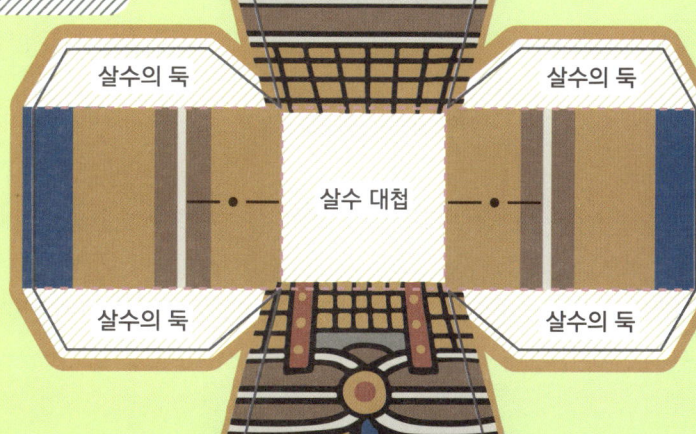

살수의 둑 | 살수의 둑
살수 대첩
살수의 둑 | 살수의 둑

토이바오 네이버블로그에서 더 많은 캐릭터를 다운 받을 수 있습니다.
토이바오 블로그 http://blog.naver.com/toybao

체험! 가위 잡고 한국사
입체 인형 만들기 | 선덕 여왕

✖ 만들기 전에!

─── : 가로로 실선 표시를 따라 오려요.
　　　(손을 베이지 않도록 주의하세요!)

----- : 점선 표시 밖으로 접어 주세요.

▨▨ : 같은 키워드끼리 목공용 풀로 붙여요.

─•─ : 칼로 오려 팔을 꽂으세요.

성골 왕족 | 성골 왕족 | 성골 왕족

최초의 여왕

의자왕의 공격

선덕 여왕

성골 왕족 | 성골 왕족 | 성골 왕족

첨성대

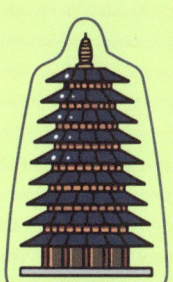

황룡사 9층 목탑 | 황룡사 9층 목탑

의자왕의 공격

황룡사 9층 목탑 | 황룡사 9층 목탑

토이바오 네이버블로그에서 더 많은 캐릭터를 다운 받을 수 있습니다.
토이바오 블로그 http://blog.naver.com/toybao

체험! 가위 잡고 한국사
입체 인형 만들기 | 김춘추

✖ 만들기 전에!

─────── : 가로로 실선 표시를 따라 오려요.
(손을 베이지 않도록 주의하세요!)
- - - - - - : 점선 표시 밖으로 접어 주세요.
▨▨▨ : 같은 키워드끼리 목공용 풀로 붙여요.
─·─·─ : 칼로 오려 팔을 꽂으세요.

토이바오 네이버블로그에서 더 많은 캐릭터를 다운 받으실 수 있습니다.
토이바오 블로그 http://blog.naver.com/toybao

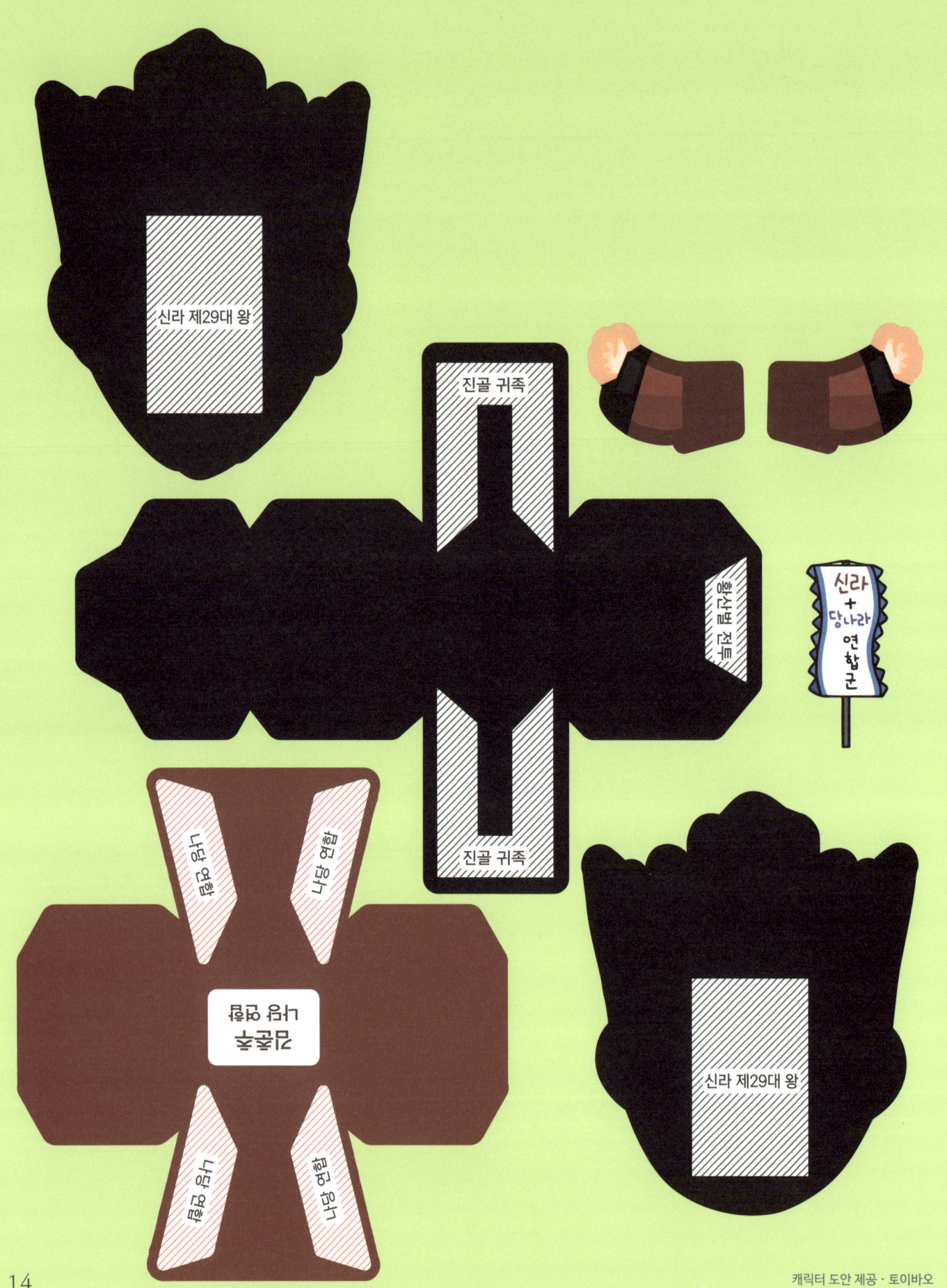

체험! 가위 잡고 한국사
입체 인형 만들기 | 김유신

※ 만들기 전에!

——— : 가위로 실선 표시를 따라 오려요.
(손을 베이지 않도록 주의하세요!)
------ : 점선 표시 밖으로 접어 주세요.
▨▨ : 같은 키워드끼리 목공용 풀로 붙여요.
—•— : 칼로 오려 팔을 꽂으세요.

15
토이바오 네이버블로그에서 더 많은 캐릭터를 다운 받을 수 있습니다.
토이바오 블로그 http://blog.naver.com/toybao

체험! 가위 잡고 한국사
입체 인형 만들기 | **원효**

✳ 만들기 전에!

― : 가위로 실선 표시를 따라 오려요.
(손을 베이지 않도록 주의하세요!)
----- : 점선 표시 밖으로 접어 주세요.
▨ : 같은 키워드끼리 목공용 풀로 붙여요.
─·─ : 칼로 오려 팔을 꽂으세요.

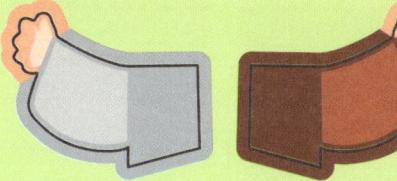
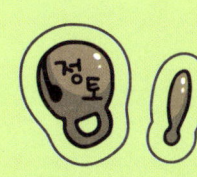

토이바오 네이버블로그에서 더 많은 캐릭터를 다운 받을 수 있습니다.
토이바오 블로그 http://blog.naver.com/toybao

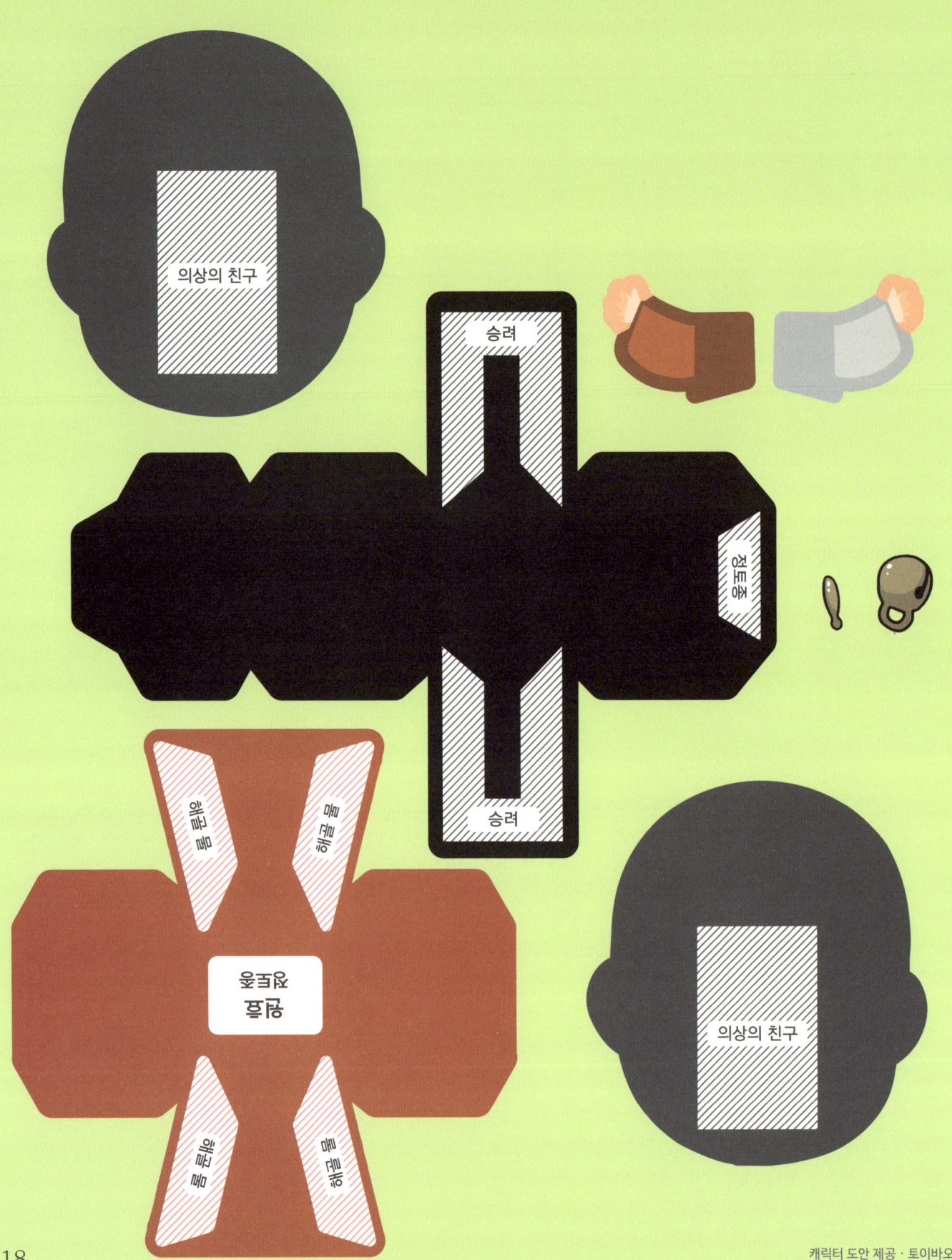

체험! 가위 잡고 한국사
입체 인형 만들기 | 대조영

✤ 만들기 전에!
―――― : 가로로 실선 표시를 따라 오려요.
(손을 베이지 않도록 주의하세요!)
------ : 점선 표시 밖으로 접어 주세요.
▨▨▨ : 같은 키워드끼리 목공용 풀로 붙여요.
—•—• : 칼로 오려 팔을 꽂으세요.

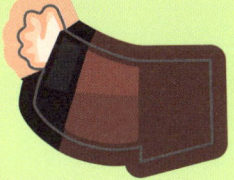

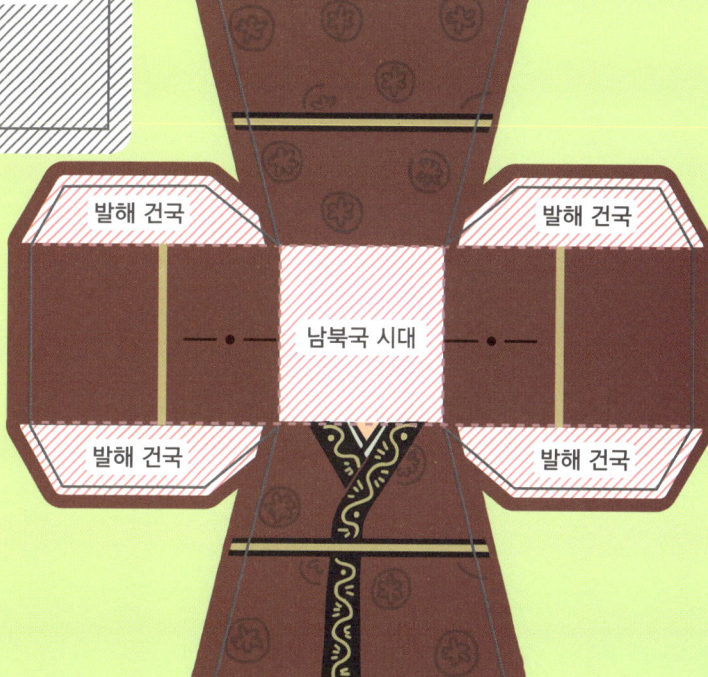

토이바오 네이버블로그에서 더 많은 캐릭터를 다운 받을 수 있습니다.
토이바오 블로그 http://blog.naver.com/toybao

19

체험! 가위 잡고 한국사
입체 인형 만들기 | **장보고**

✱ **만들기 전에!**
―――― : 가위로 실선 표시를 따라 오려요.
(손을 베이지 않도록 주의하세요!)
------ : 점선 표시 밖으로 접어 주세요.
▨▨▨ : 같은 키워드끼리 목공용 풀로 붙여요.
―●― : 칼로 오려 팔을 꽂으세요.

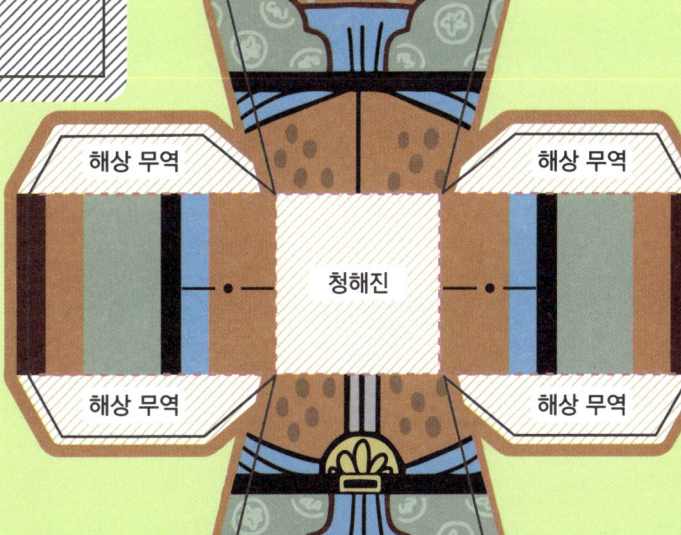

토이바오 네이버블로그에서 더 많은 캐릭터를 다운 받으실 수 있습니다.
토이바오 블로그 http://blog.naver.com/toybao

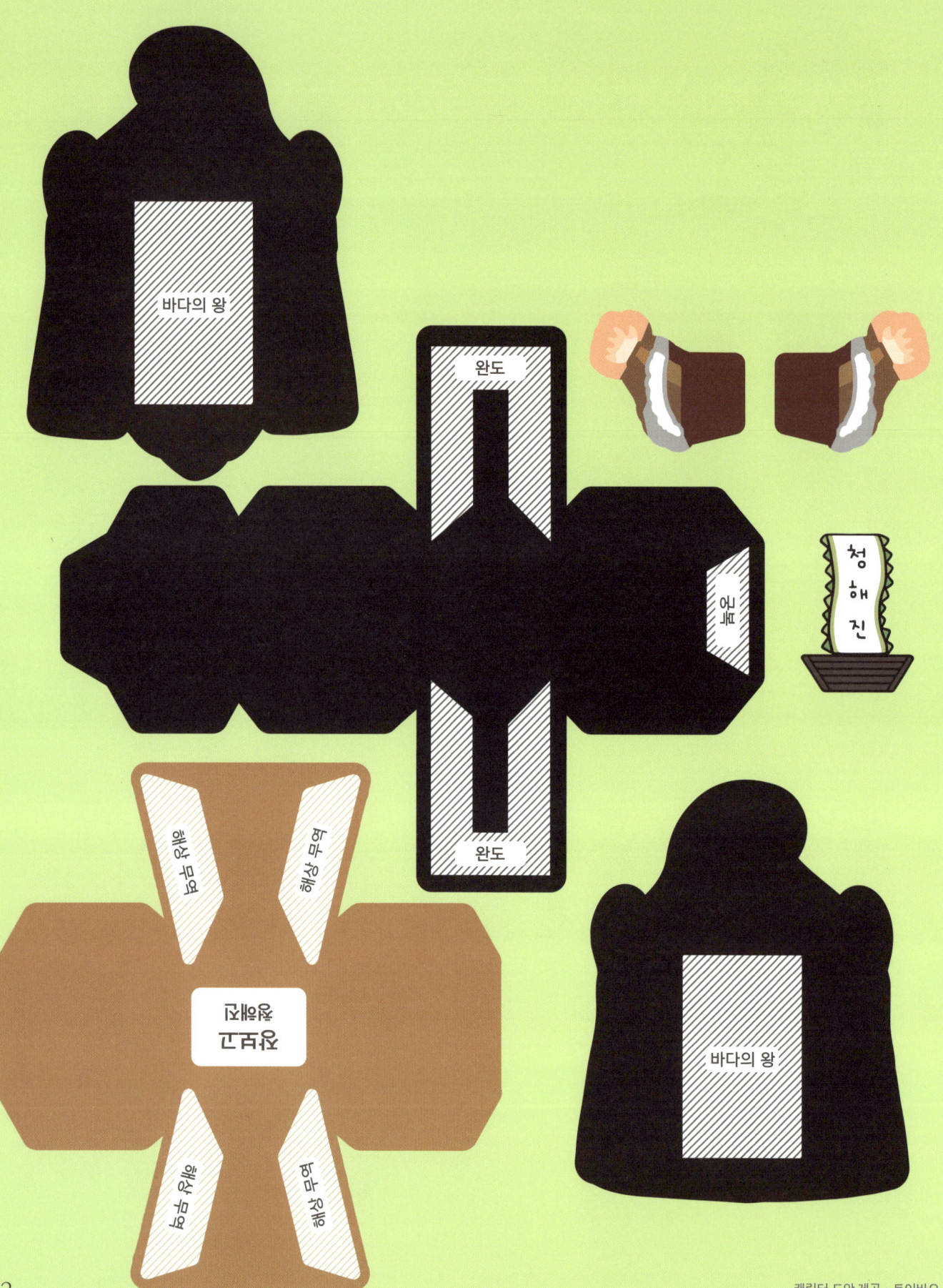

체험! 가위 잡고 한국사
미니 인형 만들기

만들기 전에!
── : 가위로 실선 표시를 따라 오려요.
(손을 베이지 않도록 주의하세요!)
----- : 점선 표시 밖으로 접어 주세요.
▨▨ : 풀칠하는 면끼리 목공용 풀로 붙여요.

아이템은 캐릭터와 어울리는 부분에 풀로 붙이세요!

단군왕검 홍익인간 / 단군왕검

박혁거세 천마 / 박혁거세

주몽 삼족오 / 주몽

온조 봉황 / 온조

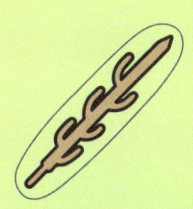

근초고왕 칠지도 / 근초고왕

토이바오 네이버블로그에서 더 많은 캐릭터를 다운 받을 수 있습니다.
토이바오 블로그 http://blog.naver.com/toybao

체험! 가위 잡고 한국사
미니 인형 만들기

✂ 만들기 전에!

─── : 가위로 실선 표시를 따라 오려요.
(손을 베이지 않도록 주의하세요!)
------ : 점선 표시 밖으로 접어 주세요.
▨▨ : 풀칠하는 면끼리 목공용 풀로 붙여요.

아이템은 캐릭터와 어울리는 부분에 풀로 붙이세요!

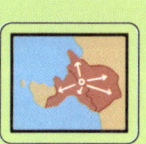
광개토 대왕 / 정복

광개토 대왕

이사부 / 나무 사자

이사부

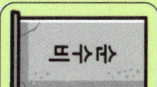
진흥왕 / 순수비

진흥왕

을지문덕 / 살수 대첩

을지문덕

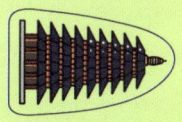
선덕 여왕 / 황룡사9층목탑

선덕 여왕

토이바오 네이버블로그에서 더 많은 캐릭터를 다운 받을 수 있습니다.
토이바오 블로그 http://blog.naver.com/toybao

체험! 가위 잡고 한국사
미니 인형 만들기

✂ 만들기 전에!

─── : 가위로 실선 표시를 따라 오려요.
(손을 베이지 않도록 주의하세요!)

------ : 점선 표시 밖으로 접어 주세요.

▨▨▨ : 풀칠하는 면끼리 목공용 풀로 붙여요.

아이템은 캐릭터와 어울리는 부분에 풀로 붙이세요!

김춘추 — 나당 연합 — 김춘추

김유신 — 화랑 — 김유신

계백 — 황산벌 전투 — 계백

원효 — 정토종 — 원효

문무왕 — 삼국 통일 — 문무왕

토이바오 네이버블로그에서 더 많은 캐릭터를 다운 받을 수 있습니다.
토이바오 블로그 http://blog.naver.com/toybao

체험! 가위 잡고 한국사
미니 인형 만들기

✖ **만들기 전에!**
──── : 가위로 실선 표시를 따라 오려요.
(손을 베이지 않도록 주의하세요!)
---- : 점선 표시 밖으로 접어 주세요.
▨ : 풀칠하는 면끼리 목공용 풀로 붙여요.

아이템은 캐릭터와 어울리는 부분에 풀로 붙이세요!

대조영 / 발해 건국 — 대조영

장보고 / 청해진 — 장보고

최치원 / 시무 10조 — 최치원

견훤 / 후백제 건국 — 견훤

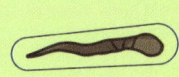 
궁예 / 후고구려 건국 — 궁예

토이바오 네이버블로그에서 더 많은 캐릭터를 다운 받을 수 있습니다.
토이바오 블로그 http://blog.naver.com/toybao

체험! 가위 잡고 한국사
미니 인형 만들기

✖ 만들기 전에!

—— : 가로로 실선 표시를 따라 오려요.
(손을 베이지 않도록 주의하세요!)

- - - - : 점선 표시 밖으로 접어 주세요.

▨▨ : 풀칠하는 면끼리 목공용 풀로 붙여요.

아이템은 캐릭터와 어울리는 부분에 풀로 붙이세요!

단군왕검 / 홍익인간 — 단군왕검

박혁거세 / 천마 — 박혁거세

주몽 / 삼족오 — 주몽

온조 / 봉황 — 온조

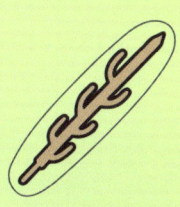 

근초고왕 / 칠지도 — 근초고왕

토이바오 네이버블로그에서 더 많은 캐릭터를 다운 받을 수 있습니다.
토이바오 블로그 http://blog.naver.com/toybao

체험! 가위 잡고 한국사
미니 인형 만들기

✂ 만들기 전에!

- ──── : 가위로 실선 표시를 따라 오려요.
  (손을 베이지 않도록 주의하세요!)
- ------ : 점선 표시 밖으로 접어 주세요.
- ▨▨▨ : 풀칠하는 면끼리 목공용 풀로 붙여요.

아이템은 캐릭터와 어울리는 부분에 풀로 붙이세요!

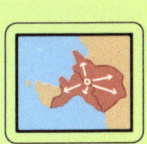

광개토 대왕 정복왕 — 광개토 대왕

이사부 나무 사자 — 이사부

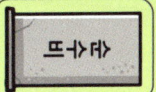

진흥왕 순수비 — 진흥왕

을지문덕 살수 대첩 — 을지문덕

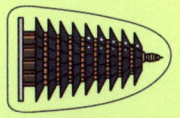

선덕 여왕 황룡사 9층 목탑 — 선덕 여왕

토이바오 네이버블로그에서 더 많은 캐릭터를 다운 받을 수 있습니다.
토이바오 블로그 http://blog.naver.com/toybao

33

체험! 가위 잡고 한국사
미니 인형 만들기

✖ 만들기 전에!
— : 가로로 실선 표시를 따라 오려요. (손을 베이지 않도록 주의하세요!)
---- : 점선 표시 밖으로 접어 주세요.
▨ : 풀칠하는 면끼리 목공용 풀로 붙여요.

아이템은 캐릭터와 어울리는 부분에 풀로 붙이세요!

김춘추 나당 연합 — 김춘추

김유신 화랑 — 김유신

계백 황산벌 전투 — 계백

원효 정토종 — 원효

문무왕 삼국 통일 — 문무왕

토이바오 네이버블로그에서 더 많은 캐릭터를 다운 받을 수 있습니다.
토이바오 블로그 http://blog.naver.com/toybao

체험! 가위 잡고 한국사
미니 인형 만들기

만들기 전에!
- ———— : 가로로 실선 표시를 따라 오려요. (손을 베이지 않도록 주의하세요!)
- ------ : 점선 표시 밖으로 접어 주세요.
- ▨▨▨ : 풀칠하는 면끼리 목공용 풀로 붙여요.

아이템은 캐릭터와 어울리는 부분에 풀로 붙이세요!

대조영 — 발해 건국 — 대조영

장보고 — 청해진 — 장보고

최치원 — 시무 10조 — 최치원

견훤 — 후백제 건국 — 견훤

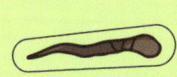 

궁예 — 후고구려 건국 — 궁예

토이바오 네이버블로그에서 더 많은 캐릭터를 다운 받을 수 있습니다.
토이바오 블로그 http://blog.naver.com/toybao

체험! 가위 잡고 한국사
주사위 만들기

✱ **주사위 만드는 방법**
① 가로로 실선을 따라 오려요.
　(손을 베이지 않도록 주의하세요.)
② 접는 선을 따라 접고 풀칠하세요.
③ 2개의 조각을 그림처럼 합쳐 끼우세요.
＊ 단단하게 고정하기 위해 투명 테이프를 붙이면 더 좋아요.

주사위 1

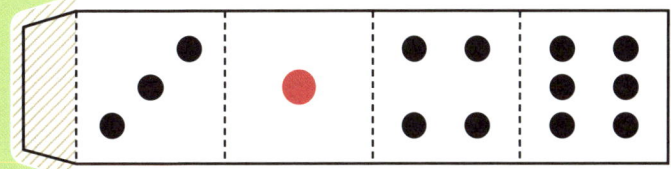

그림처럼 합쳐 끼워요!

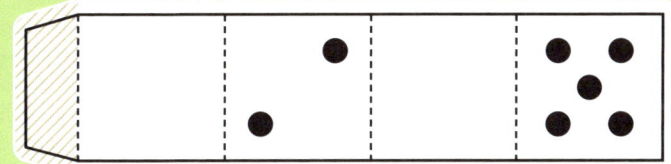

주사위 2

그림처럼 합쳐 끼워요!

주사위 3

그림처럼 합쳐 끼워요!
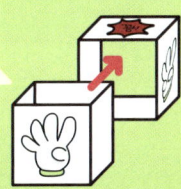

토이바오 네이버블로그에서 더 많은 캐릭터를 다운 받을 수 있습니다.
토이바오 블로그 http://blog.naver.com/toybao

주사위 만들기 뒷면입니다. 만드는 방법은 앞면에 있어요!

캐릭터 도안 제공・토이바오